每天学一点

—— CLASSIC ——

教育名著（外国卷）

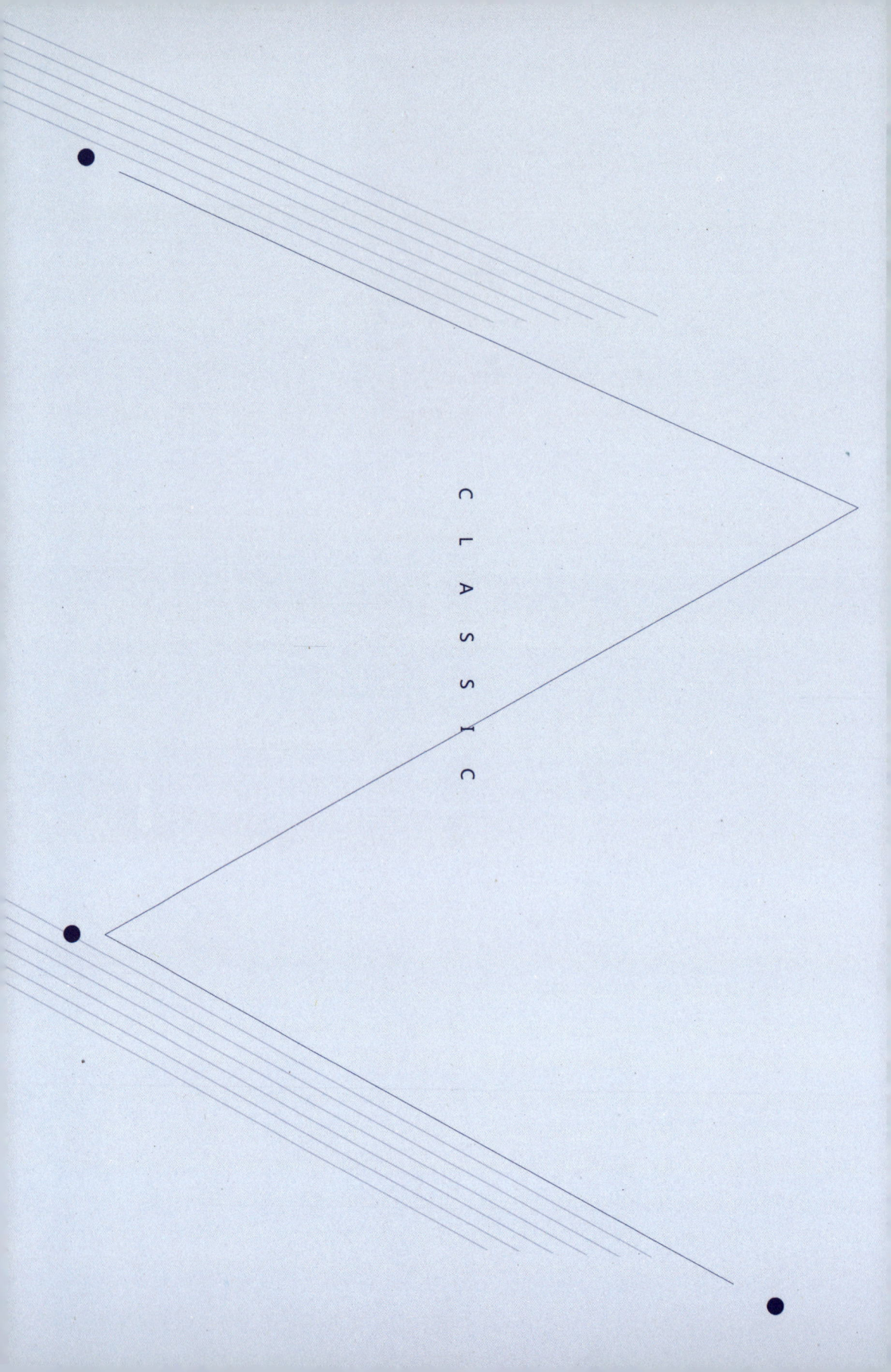

CLASSIC

每天学一点

教育名著（外国卷）

王慧敏 著

江西教育出版社
·南昌·

赣版权登字-02-2024-240
版权所有 侵权必究

图书在版编目（CIP）数据

每天学一点教育名著. 外国卷 / 王慧敏著. -- 南昌：江西教育出版社，2024.9
（"每天学一点教育理论"系列）
ISBN 978-7-5705-4102-7

Ⅰ.①每… Ⅱ.①王… Ⅲ.①教育学－著作－介绍－国外 Ⅳ.①G40

中国国家版本馆CIP数据核字（2024）第047379号

每天学一点教育名著（外国卷）
MEITIAN XUE YIDIAN JIAOYU MINGZHU（WAIGUO JUAN）
王慧敏 著

江西教育出版社出版
（南昌市学府大道299号 邮编：330038）

出 品 人：熊 炽
责任编辑：冯会珍
美术编辑：张 延

各地新华书店经销
安徽联众印刷有限公司印刷
710毫米×1000毫米　16开本　14.25印张　172千字
2024年9月第1版　2024年9月第1次印刷

ISBN 978-7-5705-4102-7
定价：48.00元

赣教版图书如有印装质量问题，请向我社调换　电话：0791-86710427
总编室电话：0791-86705643　　编辑部电话：0791-86708350
投稿邮箱：JXJYCBS@163.com　　网址：http://www.jxeph.com

序言

阅读一本书有什么用？当家长和学生提出这个问题的时候，我们做老师的，会找出很多理论、举出很多现实的例子予以说明，如遇质疑亦能反驳。可是，我们老师自己呢？是不是有时候我们也很少读书？当然，这并不完全是老师们的主观原因造成的，客观环境对个体精力的消耗也是至关重要的原因。其实，挤出时间读书并不难，难的是读有所获。获得感是我们继续读下去的重要动力，"无用是为大用"这样的口号虽有很深奥的哲理，但现实的说服力仍然弱了一点。我们不得不回应这样一个现实的问题，或许也是每一位读者在捧起这本书的时候脑子里都会自然浮现的问题：这些过去的人物和他们的名著，与今天的我们有着巨大的时空差距，继续了解他们和阅读他们的作品的意义和价值何在？他们的思想和观点还能与我们的教育实践结合起来吗？还能为我们提供借鉴吗？正如本书所提到的一本名著《民主主义与教育》中所说："关于过去的知识和过去的遗产，必须和现在发生关系，必须进入现在，才有巨大的意义。"[1]

  类似的专为一线教师提供的教育名著读本，国内早有多种，有编者提出，读教育名著应该尊重实用性原则。不能说这种观点不对，但我们终会发现，名著中的理论很难有现实的可操作性。当有父母完全按照《爱弥儿》中的教育方式来培养孩子的时候，《爱弥儿》的作者卢梭也只能感叹：那真是个可怜的孩子！所以，如果我们真的抱着以实操为目的的理念去读名著，我们只会铩羽而归、失望而返。本书所选的名著，几乎都不是讨论教学法的，而是讨论教育的，就算有一些关于教学法的论述，也是理论性和原则性的，而非操作性的，希望各位读者不要抱着寻找教学秘籍的态度进入这本书，更不要试图去复制名著中的理论或方法。凡是照搬就一定是失败的开始，生命的不确定性正是教育的迷人之处，更是教育的逻辑和现实起点。

  因此，推出这本《每天学一点教育名著（外国卷）》，其目的不是给一线教师提供教学指引，也不是简单地呈现有哪些教育名著或者这些名著讲了什么内容，而是希望通过历史上这些思考教育的文字来审视当前的教育问题、反思教育实践中的各种困惑、探索教育的未来发展方向。名著给我们带来的是思维上的拓展，给我们提供的是借以反思现实的思想资源。我更希望，本书所呈现的是一种对话——我与历史人物的对话以及与读者的对话。文字自诞生开始就让人类获得了一种超越时空进行交流的能力，这既构成了教育的基本前提，又让人的精神获得了巨大的飞越。我相信，这些文字能够

---

[1] 约翰·杜威:《民主主义与教育（第二版）》，王承绪译，人民教育出版社，2001，第85页。

继续发挥这样的功能。阅读本身就是一种自我教育。

  这本书的另一层意义还在于，阅读这些教育名著会让我们认识到，我们今天在教育教学中所面临的苦恼和思考的问题，在历史上早已被反复讨论过，很多问题都不是现时性的，而是恒久性的，也正基于此，名著才具有当代意义和实践意义。所以，阅读名著从很大程度上来说也是一场追求意义之旅，在追求意义的过程中，更好地体会现实中教育事业的价值。

  本书按照时间顺序选择了从古希腊至20世纪初的22位具有代表性的外国教育思想家和他们的教育代表作，以及联合国教科文组织的一篇重要报告，它们都经过了时间的检验，能为我们思考教育提供一些独特的理论视角。需要提醒大家的是，读名著也是读作者，我们不可能离开作者本身去谈作品，因此，每一篇介绍都把人物经历与思想观点相结合，希望每一位读者能设身处地、感同身受地进入作者的生活和思想世界中去，这样才能更好地体会作品的时代意义和现实价值。当然，每一本名著阅读起来都不轻松，希望这本小书能给大家提供一种指引或者阅读辅助。阅读不是为了记住内容和观点，而是去体悟作者思考教育的方式和角度。这才是阅读的真正收获。

王慧敏

2023年6月5日

目录

柏拉图和《理想国》 001

昆体良和《雄辩术原理》 011

夸美纽斯和《大教学论》 020

洛克和《教育漫话》 029

卢梭和《爱弥儿》 039

康德和《论教育学》 050

赫尔巴特和《普通教育学》《教育学讲授纲要》 059

福禄培尔和《人的教育》 067

第斯多惠和《德国教师培养指南》 077

斯宾塞和《教育论》 086

赫胥黎和《科学与教育》 095

杜威和《民主主义与教育》 103

怀特海和《教育的目的》 113

蒙台梭利和《童年的秘密》 122

罗素和《论教育》 131

泰勒和《课程与教学的基本原理》 140

苏霍姆林斯基和《给教师的建议》 149

弗莱雷和《被压迫者教育学》 158

布鲁纳和《教育过程》 169

联合国教科文组织和《教育——财富蕴藏其中》 178

佐藤学和《静悄悄的革命——课堂改变，学校就会改变》 189

范梅南和《教学机智——教育智慧的意蕴》 198

赞科夫和《教学与发展》 209

后记 218

柏拉图和《理想国》

伟大的哲学家、思想家在构建一个理想的国家和社会时，将教育置于何种位置？教育与国家之间的关系是什么？

作为教育者，我们是否思考过"知识从何而来"这个问题？知识能否由内在生成呢？

教育应该具有一种怎样的秩序感？这种秩序感的追求为我们今天追求整全人的发展提供了什么思考价值？

....

这些问题，或许要追溯到古希腊思想家柏拉图，他在《理想国》中针对教育有深入而系统的论述。

新古典主义画派奠基人、法国画家雅克-路易·大卫（1748—1825）于1787年创作了一幅经典油画《苏格拉底之死》。在这幅画里，面临死亡的苏格拉底镇定自若，一如既往地与周边的学生和朋友讨论着哲学，而围着他的人无一不是痛苦万分而又无可奈何。其中，在苏格拉底的床尾坐着一位白发老者，一言不发，惆怅而绝望地低着头，他就是苏格拉底的得意门生之一柏拉图（公元前427—前347年）。这幅画采用了新古典主义的手法，这种艺术创造更加衬托了沉重的氛围。在自己的老师被雅典以民主的方式判处死刑之后，柏拉图对雅典也失去了希望，毅然决然地离开故土外出游学。12年后，他重回雅典，创办了自己的学园，开始了授徒和著述的事业。《理想国》即是其代表性著述之一。该书既表达了柏拉图的政治理想、哲学理想，也阐述了他的教育理想。在他看来，教育与哲学、政治是紧密相连的。

柏拉图本是出身于雅典的贵族。据记载，他是雅典大改革家梭伦的第六代后人，从小便接受了良好的教育，他本可以顺利从政并获得一番成就。然而，他所生活的雅典已经从城邦的辉煌期走向没落。公元前8世纪至前6世纪，古希腊逐渐完成了城邦化进程，经过梭伦改革、克里斯提尼改革，雅典的民主制得以确立，古希腊城邦进入鼎盛时期。城邦代表了一种新型的社会关系和社会秩序，城邦中的每个人，包括贵族、公民、自由民、奴隶等，都必须有自己的位置。但是，这种理想、民主的城邦时代并没有一直持续下去，到了公元前5世纪，城邦逐渐走向衰落。而生活在这一时代的柏拉图，目睹了衰落的过程：希波战争、伯罗奔尼撒战争，北方的马其顿王国和罗马的威胁，以及雅典城邦本身民主制度的腐化，大改革家伯利克里染病去世，他的老师苏格拉底被雅典公民大会判处死刑，等等。他甚至参与了其中的一些战争。

这些国外的战争和国内的堕落刺激着柏拉图以及同时代的人思考城邦的未来和社会的出路。

首先登上历史舞台的是智者学派，他们提出"人是万物的尺度"，宣扬相对主义、个人主义，进一步加剧了城邦社会制度下价值观分裂问题。当然，他们开课授徒，收取学费以传播知识，成为西方教育史上第一批职业教师，也在客观上推动了教育的发展。苏格拉底虽与智者学派同时代，但他有自己独特的主张，他授课不收学费，他不单纯传授知识而是教人如何思考，他认为知识不能用金钱来衡量，他的思想对今天所谓的知识变现也有一定的警示意义。柏拉图一直追随他的老师苏格拉底，后来也成了苏格拉底思想主张的继承者和宣传者。在他看来，智者学派实是一群诡辩家，他们通过逻辑的诡辩欺骗人们的理性，并以此获取金钱，这是令人愤怒的。他们所造成的价值观分裂完全无助于社会的改良，甚至加剧了城邦的衰败。于是，柏拉图认为，"人是万物的尺度"所造成的相对主义、个人主义、虚无主义是不可取的，他要为城邦社会寻找一种统一的理想和核心的价值理念，拯救城邦于衰落之中。这种信念，既有苏格拉底的渊源，也继续被柏拉图的学生亚里士多德所传承。于是，他们三人成了西方历史上著名的"古希腊三杰"。这既是一段思想佳话，也是一段教育佳话。

柏拉图渴望城邦回到曾经的鼎盛时代，于是他在《理想国》中构建了一个理想的城邦并设想了其实现的方式，为当下的城邦困境寻找出路，希望恢复旧有的城邦秩序。城邦社会是由不同的个体所构成的，因此，挽救城邦的最好、最根本的方式就是打造好城邦中的每一个成员。这一宏大的理想最终就落实到对城邦成员的教育和培养上。所以，《理想国》在主题上给我们呈现的是关于什么是正义的讨论，在社会理想上给我们呈现的是理想的城邦是什么样子，在教育理想上给我们呈现的是一个严密的教育体系应该如何构建。基于此，柏拉图也告诉我们，教育与国家之间的关联，跟我们今天讨论的教育离不开国计民生一样。虽然我们与柏拉图有着很大的时空差距，但是我们的关怀仍有相通之处。阅读，不就是寻求心意相通和心灵碰撞吗？

在《理想国》中，教育的归宿是原来的城邦世界的"秩序"和"理性"，从教育目的的设定和教育过程的安排，甚至到具体科目的学习，都呈现出这一特点。《理想国》是一部对话形式的论著，整体上分为十卷，是一部严谨而系统的作品，全书以"什么是正义"为引线，第一至七卷论述理想的组织及其实现的办法，第八至九卷评析各种现实的政体及其优缺点，最后一卷讲艺术和灵魂问题。其内容涉及柏拉图思想体系的各个方面，包括哲学、伦理、教育、文艺、政治等内容，主要是探讨理想国家的问题。它跟今天的各种学术著作的形式不同，阅读起来或许有一定的难度，这更需要我们静下心来细细品味。书中的教育思想散落在各处的对话之中，需要我们耐心发掘。柏拉图在书中借助他的老师苏格拉底之口表达了自己的理想和观点，而苏格拉底本人是述而不作的，所以后世有学者认为，在柏拉图的作品中，很难区分出哪些是苏格拉底的观点，哪些是柏拉图自己的观点。当然，本篇并不回答或争论这个问题，而是一起来思考书中的观点。

教育的最高目的：培养哲学王

柏拉图在《理想国》中系统地论述了自己的教育主张。《理想国》也是西方首部系统论述教育的著作，伟大的教育思想家卢梭评价它说，这不仅仅是一篇凭书名来判断的政治学著作，更是在过去任何时候来说都是最好的教育论著。[①]柏拉图的一生见证了战争给雅典城邦带来的灾难以及随后的社会动荡、衰落和民主的滥用,他想拯救城邦、结束苦难,于是便通过"理想国家"的构建来系统地表达自己的思想,"我们的首要任务乃是铸造出一个幸福国家的模型来,但不是支离破碎地铸造一个为了少数人幸福的国家,而是铸造一个整体的幸福国家"[②]。这样一个统一的、追求整体幸福的理想国家必须引导每一个公民通向幸福和完美。那么,这一"整体的幸福国家"该如何实现呢?他给出的答案是,通过教育使得政治与智慧相结合,即培养"哲学王"。但是,不可能每个公民都是有"德性"的人,理性、正义或善也不是一蹴而就的,所以要建立国家,实施教育,培养公民。由于国家的公民及秩序并不是自然形成的,需要去培养和创造,教育——国家之下的教育,可以说是承担了形成"秩序"和"理性"的职责,但它的方向仍然需要"善"的引导。因此,在整个《理想国》中,贯穿始终的根本问题就是"正义或善"的问题,只有先确定了城邦的"正义或善",才会有教育,才会有最终的幸福和完美。

理想的城邦就应该是有"德性"的,是"理性"的,并且其所有的组织、制度都要以追求这种"德性"或者"理性"为根本任务。因而,"哲学王"就承担了这一重要任务,并且要以身作则,国家的统治者应该也必须成为理性的最高代表者。柏拉图明确地指出:"哲学家是能把握永恒不变事物的人。"[③]即在于认识一般、不变的真正的知识和真理,他是一个"智慧的爱好者,他不是仅爱智慧的一部分,而是爱它的全部"[④]。所以哲学家就是一位专注于每一样事物本身的存在的"爱智者",进而把握永恒的真理。那么,为什么政治家必须与哲学家相结合,才能成为理想的统治者呢?因

① 卢梭:《爱弥儿:论教育(全两册)》,李平沤译,商务印书馆,1978,第11页。

② 柏拉图:《理想国》,郭斌和、张竹明译,商务印书馆,1986,第133页。

③ 同上书,第228页。

④ 同上书,第217页。

为只有这种结合才能使他们"严肃认真地追求智慧，使政治权力与聪明才智合而为一；那些得此失彼，不能兼有的庸庸碌碌之徒，必须排除出去"[①]，也只有这样才能追求整个城邦的整体幸福，而不是只求得某一个阶级的幸福，"否则的话……对国家甚至我想对全人类都将祸害无穷，永无宁日"[②]。所以说，政治家和哲学家的结合是一种"天然"的事情，政治家需要有哲学家的知识、境界，只有哲学家才能满足政治家的需要，也只有哲学家在成为政治家之后才会对整个城邦的幸福作出自己的贡献。

这是理想国家之教育的最高目的，政治与教育之间相辅相成，相互成就，缺一不可。教育事业之追求，应该具备时代所赋予的责任感和使命感，应该为国家服务。哲学王的培养对于整个国家来说是如此重要，那么对他的培养过程也必须严格慎重，所以柏拉图设计了严格完整的教育体系，从6岁开始一直持续到50岁，50岁之后才专门从事哲学的研究，充当国家机关的顾问，甚至成为哲学王统治国家。这是一个复杂、精细的治国人才选拔过程。

知识从何而来："学习即回忆"

在今天看来，知识的来源是多样的，在教育教学中应该施行多种教学方法。而柏拉图在知识上的一个重要观点就是"学习即回忆"，即知识是先验的。简言之，每个人的知识并不是后天从外界学习得到的，而是生来就有的，本来就存在于我们的灵魂中，只不过我们在出生时忘记了，接下来所谓的获得知识其实就是恢复自己的知识。这种观点源于柏拉图的灵魂论，他认为人的灵魂是不灭的。不过，这种观点在今天，或者在科学时代来临之后，很难为人们所认同。但是，我们依然要思考其合理性之所在。柏拉图所谈的"知识"其本质上指的是哲学知识，而非具体的科学知识或学科知识。

[①] 柏拉图：《理想国》，郭斌和、张竹明译，商务印书馆，1986，第215页。

[②] 同上。

而哲学知识的习得更多意味着一种学会思考、养成思维的习惯的形成，这在一定程度上而言，是可以由内在生成的。在古今中外的教育思想家那里，对知识的内铄论和外发论的争议是普遍存在的。要看清其观点的本质或背景，不能仅看表面认识，更不能不考虑实际情况照搬。

算术、几何、天文、音乐：学科中的永恒和完美

课堂教学是教育实施和知识传授的具体实现方式，也是操练思维的具体路径，学科则是其中的具体内容和载体。为了自己的教育理想，柏拉图也为理想国家的教育规定了具体的教育内容——算术、几何、天文、音乐，即所谓的"四艺"。这些科目的选择，并不是基于一定的知识结构，而是继续体现他对善、正义和理性的追求。

柏拉图年轻时研究过赫拉克利特的学说，而赫拉克利特的一个重要观点就是万事万物处于不断变化之中，一切都无法逃过变化和死亡，人也是如此，永恒在这里几乎成了不可能的事情。柏拉图对此感到沮丧和懊恼，在无限的变化和无法摆脱的死亡面前，人变得很无助、很弱小，因此，他就想到要不惜一切代价为人在永恒之中找到一个"避难所"，以此来摆脱时间带来的恐惧。自古以来，时间和死亡都是人类惧怕的事情，从死亡和时间的恐惧中得以解脱的途径就是获得永恒。就理想的国家而言，柏拉图希望自己的理想是永恒的，特别是相对于智者学派来说，应该为自己的社会理想寻求统一性和永恒性的基础。循此思路，柏拉图提出的方案是"数学"。它能在纯粹的思维活动中找到永恒以逃避时间，找到统一的价值以对抗价值分裂，"四艺"的每一项都是"数"的一种体现。人需要从外界的感性世界上升到理性世界，灵魂需要上升，教育需要达成，而

数学是他寻找到的唯一桥梁。

纯数是一个需要思考的事物，象征着纯粹的理性。"它用力将灵魂向上拉，并迫使灵魂讨论纯数本身。"[1]算术的学习，使得灵魂能看到真正的实在、真正的知识。因此，现在的我们也认为，数学更重要的是思维的训练而不是做题。同时，"几何学的对象乃是永恒事物"[2]，因此它也必然将灵魂引导至永恒，因而对于柏拉图的学园，"不懂几何者莫入"。他更是将几何的永恒和平等与他的理想国家的政治理想结合在一起。他曾在《高尔吉亚篇》中说过："据博学者说，天和地、神和人相互联系，组成了一个共同体，它包含着友爱、秩序、节制和公正……卡利克勒，你如此渊博，竟没有注意到这一点。你忘记了，几何平等不论对人还是对神都具有强大的威力：所以你才轻视几何。"[3]

至于天文，跟今天的天文学不同。之所以学习天文，是因为柏拉图及当时的人认为，天体的位置、运行都是神的安排，具有完美性，但毕竟它们是可见的、物质性的，且不能在可见性中寻找到永恒的理性，所以柏拉图主张"应该像研究几何学那样来研究天文学，提出问题解决问题，而不去管天空中的那些可见的事物"[4]。对于音乐，有两个方面的原因：一方面，也是数的原因，当时古希腊人发现当琴弦呈某一固定比例之后发出的声音更加美妙动听，因此音乐从某种程度上说也体现了数的永恒性；另一方面，音乐是达到和谐的必不可少的元素，"音乐和体育……是为了使爱智和激情这两部分张弛得宜配合适当，达到和谐"[5]，一个完美的理性的人必定是一个优秀的音乐家。柏拉图认为，音乐是对个体内在美德的保障，更是称之为"音乐的理性"。

因此，从学习科目来看，理想国中的教育就是在一系列课程的培育和陶冶中实现对永恒和普遍的追求，这也是古典自由教育的目

---

[1] 柏拉图：《理想国》，郭斌和、张竹明译，商务印书馆，1986，第289页。

[2] 同上书，第291页。

[3] 让-皮埃尔·韦尔南：《希腊思想的起源》，秦海鹰译，生活·读书·新知三联书店，1996，第115页。

[4] 柏拉图：《理想国》，郭斌和、张竹明译，商务印书馆，1986，第295页。

[5] 同上书，第123页。

标，它不在于习得具体某种知识，最重要的是学会思考和掌握思维的能力。

柏拉图在《理想国》中建构的教育理想，最终被证明只是一种理想，无法被付诸实践，他也没能拯救衰落中的雅典以及古希腊的城邦世界。柏拉图的诸多教育理念的操作性也较低，但是，他的价值不在于提供操作性建议，而是正如他自己主张的那样，是提供思考的资源，尽管未必能提供答案。《理想国》及其教育的一个重要目标是重新调整个人与国家之间的关系，这是一个大"秩序"，所以他的教育提倡美德，内心自由、克制、理性等。对于统治者，要求是政治家与哲学家的结合；对于所有的城邦成员，则要求各居其位、各司其职，并且把这种要求提升为正义的原则。所有成员在各行其道的时候都要以整个城邦的幸福为目标，任何违反者都要受到处罚。这些考虑都是源于对秩序的遵守。尽管柏拉图的社会理想没能实现，但是，如果我们希望实现我们的社会理想，就不得不严肃思考他所提出的一些根本问题。

佳句赏读

1. "凡事开头最重要……在幼小柔嫩的阶段，最容易接受陶冶，你要把它塑成什么型式，就能塑成什么型式……为了培养美德，儿童们最初听到的应该是最优美高尚的故事。"[1]

2. "音乐教育的最后目的在于达到对美的爱。"[2]

3. "全体公民无例外地，每个人天赋适合做什么，就应派给他什么任务，以便大家各就各业，一个人就是一个人而不是多个人，于是整个城邦成为统一的一个而不是分裂的多个。"[3]

---

[1] 柏拉图:《理想国》,郭斌和、张竹明译,商务印书馆,1986,第71—73页。

[2] 同上书,第110页。

[3] 同上书,第138页。

4. "一个自由人是不应该被迫地进行任何学习的。因为，身体上的被迫劳累对身体无害，但，被迫进行的学习却是不能在心灵上生根的。"①

5. "美德任人自取。每个人将来有多少美德，全看他对它重视到什么程度。过错由选择者自己负责。"②

---

① 柏拉图：《理想国》，郭斌和、张竹明译，商务印书馆，1986，第304页。

② 同上书，第422页。

昆体良和《雄辩术原理》

古罗马留给后世最重要的遗产之一是法律,但这与教育的关联好像也不是那么密切。但是,本篇就是要去探访古罗马为数不多的教育家之一——昆体良。

作为一名资深教师,他是如何系统论述教育问题的?在整个古罗马时期,可能只有昆体良系统地讨论过教育问题。

在昆体良的书中,他是如何将自己的教育理想与他对社会的期待结合起来讨论的?

要了解这些问题,我们就要回到昆体良生活的时代及其事业中去。

马库斯·法比尤斯·昆体良（约35—95）出生于西班牙（当时是罗马帝国的一个行省），此时的罗马已从共和时代进入帝国时代，西班牙也成为帝国境内的一个文化中心和教育中心。昆体良的父亲就是一位颇为有名的雄辩术教师。用今天的话说，昆体良出身于书香门第，这为他以后接受系统、优质的教育和终身投入教育事业奠定了重要的家庭基础。在进入昆体良的人生之前，我们先对古罗马做一些初步的了解，这是昆体良事业和思想的重要历史、社会背景。

古罗马的风格与古希腊完全不同，这个后来把地中海变成"内海"的庞大国家起源于公元前8世纪，它位于意大利半岛中部的罗马城。公元前753年至公元前509年是罗马历史上的王政时代，在这期间，罗马从一个小城市开始逐渐成长壮大，并走上了军事征服和领土扩张之路。在这种氛围之下，国家主义和功利主义成为社会的主要风气，早期的教育也沾染了浓厚的实用色彩。此时的罗马教育以家庭教育为主，这也成为罗马教育的传统特色，社会上并无体系化的学校教育，其培养目标以"农夫"和"士兵"为主，这两种职业决定了国家的军事实力。当然，品格和荣誉也备受重视，只是哲学和诗歌没有任何地位。公元前509年至公元前27年是罗马的共和时代，罗马开始向整个地中海领域扩张，其军事实力几乎所向披靡，击败了地中海的其他政治势力，于公元前2世纪成为地中海霸主。但是，相对于军事力量而言，罗马的文化却没有获得像古希腊社会那样高程度的积累，所以，当罗马把古希腊变成自己领土的一部分的时候，就开始面临着不同于本民族文化的古希腊文化的冲击。通过领土扩张，古罗马和古希腊联系到了一起，通过古希腊的文化浸润，古罗马和古希腊走向了融合。古罗马开始向古希腊学习建立体系化的学校教育系统，这项工作大约在公元前1世纪基本完成。正是在这两种文化的交融过程中，一位著名的政治家西塞罗（公元前106—前43）首次较为系统地论述了雄辩家教育理想："演说家（雄辩家——引者注）堪当这样一个含意广泛的称呼，即演说家乃是对任何需要用语言说明的问题都能充满智慧地、富有条理地、词语优美地、令人难忘地、以一定的尊严举止讲演的人。"[①]罗马也由此开始产生系统的教育理论，昆体良就是在这一基础上，沿着西塞罗论述的方向继续详细地阐释雄辩家的培养过程，他在著述中表达的观点既以罗马传统的实用精神为底色，又吸收了来自古希腊的深厚的文化和广泛的学科知识，是西方教育理论的历史源流之一。经由西塞罗和昆体良的努力，罗马教育从原来的低水平非学校教育进入了一个更高层次的新境界。

公元1世纪的罗马帝国，在军事扩张方面逐渐达到了极限，对外征战相对较少，但国内的政治却不太平。少年时代的昆体良在首都罗马城的文法学校中接受教育，当时正值暴君尼禄统治时期。昆体良学成之后先回到西班牙操持律师业务，直到公元68年尼禄自杀后才重回罗马城。他目睹了一场混乱的帝位争夺战，一年之内先后出现了四位皇帝，直到公元69年韦斯巴芗夺得帝位稳定了政局，社会秩序才逐步得到恢复。公元70年，韦斯巴芗在教育上实施了一项重要举措，即首次开办国立雄辩术学校，由国库提供资金支持。昆体良主持了其中的一所拉丁语雄辩术学校，他也成了由国库支付薪资的雄辩术公职教师。这背后也反映出罗马帝国开始日益重视教育事业，帝国政府开始采取积极干预的手段，在加强控制的同时也给予充裕的支持。相对而言，作为一名教师，昆体良的教育事业处于一个较好的政治环境和社会氛围之中。

由此，昆体良开启了20年的雄辩术教师生涯，直至公元90年左右退休。所以他的教育论述不像柏拉图的《理想国》那样抽象与

---

① 西塞罗：《论演说家》，王焕生译，中国政法大学出版社，2003，第49页。

富于思辨，而是充满了教学实践的气息，他的观点都源于他在实践基础上的总结与思考。退休之后，昆体良继续担任当时的帝国皇帝图密善的两个侄外孙的私人教师。只可惜，他没有像亚里士多德那样教出一位杰出的亚历山大大帝。当昆体良完成《雄辩术原理》的时候，以残暴著称的图密善已经在帝国残酷的政治斗争中丧命，他的两个侄外孙也已遭流放。昆体良在他的时代有其幸运之处，但目睹了诸多动荡和腐败之后，在自己的教育理想中注入对未来的期待也就不足为奇了。我们也就不难理解为什么道德在雄辩家的培养中有着至关重要的地位。作为一名教师，昆体良在罗马帝国获得的地位、荣誉和财富，少有人可以与之匹敌。但是，罗马帝国虽给教育实践和理论提供了一定的发展空间，却又让人感觉到教育在社会改革时的无力。

也许正因为如此，昆体良的教育理想沉寂了很久，在一千多年的时间里，西方人似乎完全忘记了这样一位教师和他的教育理论的存在。直至1416年，文艺复兴时期的一位学者波吉奥·布拉乔利尼在康斯坦斯参加宗教会议期间，顺道去附近的修道院中搜寻古代图书，无意中发现了尘封已久的昆体良的著作。自此，昆体良的著作才得以重见天日。这既是昆体良的幸运，也是文艺复兴的必然结果，因为文艺复兴就是以发现、阅读和整理被遗忘的西方古代典籍为基础的。此后，昆体良的著作开始被学者们广泛阅读并得到肯定。当时的学者们在开启现代教育观念的过程中似乎从昆体良那里得到了诸多宝贵的启示。教师昆体良，以一人之力，连接了上千年的西方历史。时至今日，西方学界有一个基本的共识："《雄辩术原理》一直被公认为教育理论的标准和教育学的权威著作。"[1]可是，在我们的教育理论界和实践界，这位西方古代职业教育家的理念和观点却鲜有提及。

[1] 弗兰克·M.弗拉纳根：《最伟大的教育家：从苏格拉底到杜威》，卢立涛、安传达译，华东师范大学出版社，2009，第53页。

《雄辩术原理》是昆体良专门论述教育问题的著作，这几乎是整个古罗马时代唯一一本系统性的教育论著。它是昆体良在退休之后应朋友们的邀请所写，在友人的催促之下大约于公元96年出版，正如他自己开篇所说的："从事培养青年的工作达20年以后，当我终于获得了进行研究的余暇时，一些朋友要求我就雄辩的艺术写点东西。"[①]其可以被视为昆体良一生教育事业的经验总结和思想结晶，也是一位退休教师对后来的教育者的一种谆谆教诲。该书共有12卷，"第一卷将论及教育问题，这是雄辩术教师的任务的开端。第二卷将论述雄辩术学校的基本原理以及与雄辩术本身的实质有关的问题。以后五卷将讨论演说词创作，其中包括演说词修改。以后四卷将讨论雄辩能力，其中包括记忆雄辩词和发表演讲。最后有一卷描绘一个完美的雄辩家是什么样子"[②]。目前尚未有完整的中译全本，我们只能读到前三卷和最后一卷，但这也为我们一窥昆体良的教育世界提供了重要的窗口。

什么是雄辩家

什么是雄辩家？如何培养雄辩家？这是昆体良所讨论的核心议题。简单地说，这是一种对语言能力进行培养、提高和发挥的技艺。昆体良从古希腊的哲人那里找到了渊源，雄辩并非罗马的独创。但是，在古希腊，雄辩是相对更偏向于哲学式的，强调一种思维的过程，而古罗马更偏向实用，突出其在具体事务中的功用。在昆体良这里，雄辩更是多了一份社会责任担当："我的目标是完美的雄辩家的教育。这样一种雄辩家的首要因素是他应当是一个善良的人……一个真正名副其实的公民并能履行其公私职责的人，一个能够用自己的意见指导国家、用他的立法给国家奠定稳固基础、用他以法官身份的判决消除邪恶的人，无疑地只能是我们所要求的那

[①] 昆体良：《昆体良教育论著选（第二版）》，任钟印选译，人民教育出版社，2001，第4页。

[②] 同上书，第7—8页。

种雄辩家。"①因此,"雄辩家"作为一种教育目标,其内涵要比字面意思更加丰富,本质是通过罗马式的表达呈现一种整全人的培养。与其他时代和地区的教育论述者一样,对于雄辩家而言,道德而非技艺是最重要的,这在书中多处被反复强调,可见昆体良对此的重视程度。他相信,如果缺少了德行,"任何人既不能成为善良的人,也不能成为精于雄辩的人"②。离开了美德,雄辩将没有意义,甚至会走向反面变得有害。而且,他所期望的不仅仅是一种道德认知,还要做到表里如一、言行一致。道德教育,如果不能转化为自觉的行为,那必然会沦为空洞的说教。

雄辩家的早期家庭教育

雄辩家是最终的培养目标,但这个伟大目标的实现需要从出生开始:"我的计划是引导我的读者从咿呀学语开始,经过初露头角的雄辩家所需的各个阶段的教育,一直达到雄辩术的顶峰。"③昆体良重视天赋,"天性是教育的原材料"④,但也强调天赋需要得到后天的培养,家庭的环境尤其是父母非常重要。他希望父母以及孩子的教仆都应该接受良好的教育。昆体良不同意7岁之前不教孩子读书、写字的观点。他认为学习要尽早进行,当然,不应过度,"最要紧的是要特别当心不要让儿童在还不能热爱学习的时候就厌恶学习……要使最初的教育成为一种娱乐"⑤。我想,当文艺复兴时期的学者们看到昆体良的这些论述时应该是心有戚戚的,"古代""现代"这样的划分只意味着时间的先后,并不是判断内在价值的标准。字母、书法、阅读,是孩子最初的学习科目,同时还要训练记忆力,所有这些都是为以后的成长奠定基础的。不过,昆体良并未在这个阶段停留太久,而是很快就考虑家庭教育之后的学校教育问题。

---

① 昆体良:《昆体良教育论著选(第二版)》,任钟印选译,人民教育出版社,2001,第5—6页。

② 同上书,第164页。

③ 同上书,第5页。

④ 同上书,第128页。

⑤ 同上书,第14页。

雄辩家的学校教育

在家庭教育和学校教育之间如何抉择，既是历史上诸多教育家争论的一个话题，也是当时罗马人面临的一个现实问题，因为家庭教育是罗马人的传统，而学校教育代表的则是希腊文化。所以，这种抉择不仅是一个教育问题，还涉及文化冲突。昆体良虽然看到了一些罗马人对家庭教育的偏好，但依然支持学校教育，当然这也与他个人的从教经历密切相关。在学校教育中，文法和阅读仍然是重中之重，昆体良希望这两门学科不仅仅是学习内容，更应贯穿于人的一生，雄辩家的培养是着眼于人的一生成长的。不过，此时的文法和阅读有了更多、更高的要求，断句、换气、速度、音量、音质、音调、表情、手势、姿态等都有一系列的要求。他相信，技巧绝不仅仅是技巧而已，更是对人的内在心灵的一种淬炼，能体现一个人的道德品格。雄辩不是追求华丽、深奥，而是要以合适、方便为目标。简言之，雄辩不是用来炫耀的，而是为了实用。基于理论和文采的表达是为了更有效地向听众传达自己想要表达的意思，而不是造成听众的困惑与不解。就算放在今天，清晰表达不也应该是一种起码应有的教育目标吗？当然，这个起码应有的目标并不是简单的目标，昆体良建议按照雄辩术的五个组成部分——写作、修改、润色、记诵、发表——勤奋学习、反复练习好几年。

教师的方法与态度

家庭教育主要是奠定基础，更系统化的培养仍然由学校教育主导，那么学校中教师的方法和态度就显得至关重要。为了打消人们对学校教育的疑虑，昆体良特别提到了以班级为单位的教学方法，并阐述了学生在班集体中成长的优点，这是西方历史上班级授课制的萌芽。但除了一些具体的方法和建议之外，昆体良谈论更多的是教师的态度："最要紧的是……教学工作不是出于完成任务，而是出于对学生的热爱。"[①]因为没有热爱就没有崇高的事业。面对一个个鲜活的学生，教师要表现出充分的尊重："教学要能培植各人的天赋特长，要沿着学生的自然倾向最有效地发展他的能力。"[②]德行不仅是雄辩家培养的核心，也是对教师最基本的要求。此外，昆体良还建议不可滥用权威、奖惩要适当、善于回答学生的问题和向学生提问、真诚而谨慎等。他还特别指出，只有通过师生的合作，才能使雄辩术达到完美的境界。真正的教育，也必须是师生双方合作的结果。这又何尝不是师者最重要的态度呢？

读昆体良的论述，更像是同一位长者、一位教师前辈聊天，他阐述教育观点的方式不是自上而下的指导，而是对话双方的一种平等的交流，他将自己20年教育教学的所思所想倾囊相授。言语之间，我们可以感受到他在教育事业中所体会到的快乐和成就，以及由此而来的自豪感："上天赐给人类的恩惠是，愈是值得尊敬的职业，也就愈是愉快的职业。"[③]这既是一种对雄辩家的描述，也是对从事雄辩家培养的教师工作的描述。昆体良对道德的强调贯穿雄辩家培养的每一个环节，他心目中完美的雄辩家必须是深入生活并且承担社会责任的，《雄辩术原理》的教育理想是为更大的社会理想服务的，尽管书中没有明确这么说。他一直在告诉当时和后来的人们，言语的力量——也是改造社会的力量——不是来自技术和技巧，而是来自内心的真诚与正气。

[①] 昆体良：《昆体良教育论著选（第二版）》，任钟印选译，人民教育出版社，2001，第21页。

[②] 同上书，第88页。

[③] 同上书，第61页。

佳句赏读

1. "最要紧的是要特别当心不要让儿童在还不能热爱学习的时候就厌恶学习,以至在儿童时代过去以后,还对初次尝过的苦艾心有余悸。"①

2. "教师本身要小心谨慎,如果他希望自己的学生成为有用的人而不是华而不实的人,他在教育头脑尚未成熟的学生时,不要使他负担过重,要节制自己的力量,俯就学生的能力。"②

3. "对文法的热爱和对阅读的利用不只是限于学生,而是贯串于人的整个一生。"③

4. "要改变在少年时代就已经扎根的信念是很困难的,显著的原因是,每个人都宁可固守已经先入为主地学习过的东西,而不愿不断学习新东西。"④

5. "一个雄辩家必须是善良的,这一点很重要,因为如果以雄辩的才能去支持罪恶,那么无论从私人的还是从公众的角度看,没有什么东西比雄辩术更有害的了,而我自己竭尽全力帮助培养雄辩才能,就应当受到世人的谴责。因为我不是给战士提供武器,而是给强盗提供武器。"⑤

---

① 昆体良:《昆体良教育论著选(第二版)》,任钟印选译,人民教育出版社,2001,第14页。

② 同上书,第23页。

③ 同上书,第37页。

④ 同上书,第137页。

⑤ 同上书,第154页。

夸美纽斯和《大教学论》

作为一名教师，你是否有过一种冲动，试图把你的全部所知都一股脑儿地教给学生？而在实际教学中却发现困难重重，无从下手？

作为一名儿童成长的观察者，你是否认为个体的成长应该与自然界之间有着更多的协调？我们应该如何帮助儿童解放天性，自然成长？

作为一名教育工作者，你是否考虑过我们今天的学校中普遍实行的、已经习以为常的学年制、学期制、统一入学和考试、班级授课制等，是谁的规划？

…………

这一切的问题，或许都要从这位17世纪的捷克教育家夸美纽斯那里寻找答案。

扬·阿姆斯·夸美纽斯（1592—1670）出生于捷克摩拉维亚的一个小村庄。他的故土位于中欧内陆，或者可以说正好是欧洲的中心地带。历史表明，只要欧洲发生动荡和战争，这片土地就难免受到波及，而夸美纽斯生活的时代恰恰就是欧洲历史上最不安定的时期之一，这也成了夸美纽斯的教育思考与实践最重要的时代背景。

马丁·路德在推进宗教改革的过程中大力呼吁各城镇应该建立公立学校，对此，夸美纽斯大为赞赏："这真是一种卓越的意见，配得上这样一个人物！"[1]由此可以说，宗教改革也孕育了近代教育改革的萌芽，普及教育和义务教育也成为题中之义。这种教育信念，先为新教教派所重视，后来也为天主教所接受，更为后来的许多国家所推广。

但是，面对新教教派的挑战，天主教并非无动于衷，除了通过教义论争和各种教育活动（尤其是耶稣会的教育活动）来进行思想斗争外，还通过宗教审判、武力镇压等方式进行反扑与争夺。1543年，哥白尼临死之前才出版了他的《天体运行论》。1633年，伽利略也曾在死亡的威胁下不得不否认自己的学说。这些事件都能让我们现代人体会到当时天主教的镇压所带来的恐惧氛围。1618年，宗教和国际政治矛盾的不断积累最终导致了三十年战争的爆发。这场历史上第一次全欧洲战争持续了整整三十年，至1648年《威斯特发里亚和约》的签订而宣告结束。夸美纽斯生活的家乡恰恰是拥有最激进的新教徒的地区，也就成了三十年战争中受害最深的地区。他的人生和事业都不可避免地被卷入了当时的宗教改革、宗教战争之中。因此，也有研究者认为，夸美纽斯的人生是非常不幸的，"他生活的时代是欧洲历史上最令人烦恼的时期之一，他生活的地区是欧洲麻烦最多的地区之一"[2]，但与此同时，在西方历史上，这也正是人类追求灵魂和精神自由最为重要的时期。

[1] 夸美纽斯：《大教学论》，傅任敢译，教育科学出版社，1999，第46页。

[2] 罗伯特·R.拉斯克、詹姆斯·斯科特兰：《伟大教育家的学说》，朱镜人、单中惠译，山东教育出版社，2017，第73页。

夸美纽斯生于一个磨坊主家庭，父母都是当时一个名为"捷克兄弟会"的新教教派成员，一家人过着俭朴的生活。12岁的时候，夸美纽斯失去了父母，后被寄养在姨妈家里。直至16岁，在兄弟会的资助之下，夸美纽斯进入一所拉丁文法学校学习，在校期间表现优秀。毕业后，他继续受到兄弟会的资助，来到赫尔伯恩的加尔文学院学习哲学和神学，接受了比较完整和系统的高等教育。在就读期间，夸美纽斯还前往海德堡大学旁听了一年课程。在当时，能够接受如此完整的系统教育，已经实属难得，更何况夸美纽斯还来自底层社会。试想，如果没有宗教改革后新教教派的发展，以及新教教派对其教育的资助，夸美纽斯或许只能早早继承父亲的磨坊。1614年，夸美纽斯学成之后回到家乡，被兄弟会任命为他所就读过的拉丁文法学校的校长。此时，他年仅22岁，开始以极大的热忱投身于教育教学工作，关注和研究教育教学改革。如果没有战争的摧残，他或许会给世人留下更多的教育思考。三十年战争爆发后，捷克地区的新教徒遭到屠杀、驱逐、流放。1621年，夸美纽斯所在的城市在战争中陷落，其家产、藏书和手稿皆化为灰烬，他也几乎由此开始了逃亡的生活。次年，他的妻子和孩子都因染上了瘟疫而去世。随后，兄弟会成员被迫隐居在丛林中以躲避迫害。1628年，夸美纽斯与三万多户兄弟会家庭连在丛林中的隐居也无法继续，为了坚持信仰自由，他们被迫迁往波兰，开始流亡的生活。但是，颠沛流亡的日子成了他理论创作的高峰期。1631年，夸美纽斯出版了《语言和科学入门》，这是一本结合实物教学生识字的教材；1632年，他又出版了《母育学校》，这是他早期最优秀的作品之一，书中详细讨论了家庭中儿童教育的问题；也是在同一年，他出版了《大教学论》，系统阐述了他的教育思想和理念。

《大教学论》全书共33章，其中第1—14章主要阐明人生的目的，教育的任务、功能和重要性，教育改革的必要性，普及教育的意义；第15章主要讨论体育；第16—22章主要讨论教学理论与原则及各科教学法，重点围绕教育应适应自然原则展开；第23—26章主要讨论德育问题；第27—31章主要讨论学校教育体系以及四类学校的具体划分；第32—33章对全书的观点做了简要总结。在书中，夸美纽斯既从理论上阐述了教育的必要性和可能性以及宏观的教育制度规划，也从实践角度分析了他所认为的教育应当如何实现。夸美纽斯在极其艰难的环境下始终怀揣着教育理想，他的教育理论都建立在亲身实践的基础之上。

《大教学论》的宗旨

夸美纽斯所认为的教育的宗旨应该是"把一切事物教给一切人们"，或者说"把一切知识教给一切人"。这在17世纪初期，虽是一种不切实际的宏愿，却是基于时代背景的憧憬。自柏拉图以来，西方历史上早期的教育思想家主要将自己的思考对象放在社会统治阶级或中上层阶级身上，这里的两个"一切"意味着教育内容的扩展、教育对象的普及，这在夸美纽斯的时代是一项重要的突破。此外，这还有更深层次的意义。要知道，那是一个充满宗教纷争的时代，不同的宗教教义之间甚至有可能水火不容，而夸美纽斯在《大教学论》中从未有过教派区分，这是当时的世界所向往的宽容。夸美纽斯要为所有人的救赎找到一条可行的路径，这一路径很大程度上体现在他对学校教育制度的规划上。用他自己的话说："这本《大教学论》的主要目的在于：寻求并找出一种教学的方法，使教员因此可以少教，但是学生可以多学；使学校因此可以少些喧嚣、厌恶和无益的劳苦，多具闲暇、快乐和坚实的进步；并使基督教的社会因此可以减少黑暗、烦恼、倾轧,增加光明、整饬、和平与宁静。"[1]

人生目的与教育任务

夸美纽斯并没有直接谈教育,而是先从人生谈起。这毕竟是世界上每个人都必须思考的终极问题:我们应该度过怎样有意义的一生?夸美纽斯将来世的永生幸福与此世的人生准备结合起来,认为此生就是要为来世做好准备。在这个过程中,不应该过像中世纪所倡导的那种苦行僧般的宗教生活,而是要在知识、道德和虔诚三个方面充实和提高自身,以更加积极乐观的态度处世。因此,人在此生就必须要成为"理性的动物""一切造物的主宰""造物主的形象和爱物"。[2]相应地,每个人就需要实现三个目标:"博学""德行或恰当的道德""宗教或虔信"。[3]另外,今生的目标与来世的目的应该是一致的,而不是相互冲突的。夸美纽斯进而指出:这三个今生目标的种子天生地就存在于我们每一个人身上。这既表明了教育的可能性,也极大地增强了人的自信。我们每个人都曾经寄居在母亲的子宫里,当我们肉体成熟之时,我们就来到了世间;而这世间也不过是我们灵魂的寄居之地,当我们灵魂成熟之时,我们就会实现永生。虽然夸美纽斯的阐述有着浓厚的宗教色彩,但确实为教育注入了强大的动力之源。

学校教育和家庭教育孰优孰劣

对于这个问题,不同的教育思想家有不同的意见,比如夸美纽斯和约翰·洛克之间就存在着根本的分歧,我们需要去了解其背后的原因,而不是简单地判断其正误。夸美纽斯主张学校教育优于家庭教育,因为这是实现"把一切知识教给一切人"的普及教育的必由之路。也正因为此,才有后面的学校教育制度创新,而其中也蕴

---

[1] 夸美纽斯:《大教学论》,傅任敢译,教育科学出版社,1999,献词第2页。

[2] 同上书,第10页。

[3] 同上书,第11页。

含着朴素的教育平等观念。夸美纽斯还看到了团体教育中的榜样是可供使用的重要教育因素:"青年人最好还是一同在大的班级里面受到教导,因为把一个学生作为另一个学生的榜样与刺激是可以产生更好的结果与更多的快乐的。"[①]

学校教育制度的规划

虽然学校教育从理论上会比家庭教育更好地实现夸美纽斯的教育理想,但是,仍然需要一定的制度设计和学校改革才能真正实现这一目标。因为当前的学校已经"变成了儿童恐怖的场所,变成了他们的才智的屠宰场,大部分学生对学习与书本都感到厌恶"[②]。夸美纽斯设想的新教育体系应当使"一切青年都能受到教育";"他们都能学到一切可以使人变成有智慧、有德行、能虔信的科目";"教育是生活的预备";"实施这种教育的时候不用鞭笞,无须严酷或强迫,它可以实施得尽量温和轻快";"这种教育不是虚伪的,而是真实的,不是表面的,而是彻底的";"这种教育将不是吃力的,而是非常轻松的"。[③]这种新的学校教育设想,也为后世的教育理想奠定了一个基本的框架,直至今日。在这一总体理念之下,就必然要求普及学校教育,广泛地为年轻人建立公立学校,并以统一的学制规范所有的学校,使得不同学校的教学节奏基本一致,进而使得所有人接受统一的教育。所有学校必须同时开学(最好是秋季开学),同时放假,学年结束后要进行统一考试,使得所有学生达到一定的标准后同时升级,学校和教师的日常工作也应该按照年、月、日、时进行计划和安排。[④]对于教材,也应该分为学生用书和教师用书。[⑤]夸美纽斯对学校管理的规定非常细致,一直影响着我们今天的学校教学实践。在学校内部,基本的教学单位应该是班级,学生先被组织成班级,每十人被分为一组,每组设一名组长协助教师管理纪律和辅助教学。对于这些

---

① 夸美纽斯:《大教学论》,傅任敢译,教育科学出版社,1999,第35页。

② 同上书,第46页。

③ 同上书,第49—50页。

④ 同上书,第235页。

⑤ 同上书,第234页。

做法，我们今天或许已经习以为常，甚至根本不会去问何以如此，但这在夸美纽斯的时代是教育发展的一个新方向，其背后则是源于他对一些朴素而又根本的教育实际问题的思考，诸如"一个教师怎样能同时教许多孩子""怎样能用同样的书去教一切学生""一所学校里面所有的学生怎样能同时做同样的事情""怎样能够按照同一种方法去教授一切"等。

教学的方法和原则

在夸美纽斯看来，教学必须产生一定的成果，否则再美好的设想都是空中楼阁，因此，教学必须按照合适、有效的方法进行。为此，夸美纽斯提出了便易性、简明性与彻底性等原则，对科学、艺术、语文、道德等也提出了相应的方法建议，并进一步具体化为几十个细小的原则，为教育教学提供了详尽的参考，比如直观性原则、系统性原则、循序渐进性原则、巩固性原则、量力性原则和因材施教原则，等等。夸美纽斯相信一切知识是从感官的感知开始的："智慧的开端……在于真正知觉事物的本身。"[1]这对于宗教社会中把知识归于神启的观点是一次重大的冲击和突破，与当时近代自然科学萌芽过程中的知识探索路径是契合的。这里的诸多原则在我们今天的教学实践中依然被广泛使用，在当时正是夸美纽斯与社会时代之间互动的产物。任何一位教育者在时代面前都应该是一位积极的行动者而不只是被动的接受者。

教育的第一原则是适应自然

贯穿在所有的学校规划、制度设计、方法原则之中的，是对于自然的遵循，这被夸美纽斯奉为教育的第一原则。阅读《大教学论》会给读者带来一种非常显著的体验，那就是，作者经常用大自然来

---

[1] 夸美纽斯：《大教学论》，傅任敢译，教育科学出版社，1999，第141页。

做比喻以阐释其教育理论,这种比喻几乎遍布全书。比如,他在构想学校体系的时候,把人生的四个阶段"婴儿期、儿童期、少年期和青年期"跟春夏秋冬四季相对应,由此所构建的四级学校体系"母育学校、国语学校、拉丁语学校和大学"中各自的教育任务染上了季节的色彩:"母育学校使人想起温和的春季,充满形形色色的花香。国语学校代表夏季,那时我们的眼前尽是谷穗和早熟的果实。拉丁语学校相当于秋季,因为这时田野和园中的果实都已收获,藏进了我们的心灵仓库。最后,大学可以比做冬季,那时我们把收来的果实准备各种用途,使我们日后的生活能够得到充分的供养。"[①]此外,书中还有很多关于动植物的比喻。说到底,人生的发展和教育的进行,必须要同自然的发展秩序一致,因为自然界存在着一种不可违背的起支配作用的普遍法则。后世的教育思想家,虽然对于"教育遵循自然"这个原则有着不同的认识和阐释,但总体上都不会违背这一基本原则。

虽然夸美纽斯是在充满动荡和纷争的年代里度过了坎坷的一生,但是依然为我们贡献了他关于教育的理论构建和实践探索;纵然我们与他之间有着如此之大的时空差距,但我们依然在他所憧憬的教育上继续前行。更重要的是,在流亡的大半生中,他尝遍了人世间的种种苦难,但这并没有使他绝望,反而让他迸发出对教育的极大信心:"假如要形成一个人,就必须由教育去形成……只有受过恰当教育之后,人才能成为一个人。"[②]夸美纽斯也相信,他以及他所处的时代所渴求的宗教自信、信仰自由和教派宽容也必须经由教育来实现。更加令人肃然起敬的是,夸美纽斯的教育论述中不曾充斥任何狭隘的民族、国家或教派色彩,他的出发点一直都是全人类,这种精神或许比他的教育思想本身更加可贵,更加值得珍惜。

[①] 夸美纽斯:《大教学论》,傅任敢译,教育科学出版社,1999,第205页。

[②] 同上书,第24页。

佳句赏读

1. "愚蠢的人需要受教导,好使他们摆脱本性中的愚蠢,这是无人怀疑的。其实聪明人更需要受教育,因为一个活泼的心理如果不去从事有用的事情,它便会去从事无用的、希奇的、有害的事情。"①

2. "凡是在知识上有进展而在道德上没有进展的人(一句古话说),就不是进步而是退步。"②

3. "教师是自然的仆人,不是自然的主人;他的使命是培植,不是改变。"③

4. "在可能的范围以内,一切事物都应该尽量地放到感官跟前。"④

5. "对于事实问题的健全判断是一切德行的真正基础。"⑤

---

① 夸美纽斯:《大教学论》,傅任敢译,教育科学出版社,1999,第27页。

② 同上书,第44页。

③ 同上书,第138页。

④ 同上书,第141页。

⑤ 同上书,第164页。

洛克和《教育漫话》

在教育的历史上留下思想遗产的人物中，很多并不是职业教师，他们的教育实践也很少，甚至都没有养育过孩子，那么他们是如何论述教育问题的呢？本篇的主人公就是这样一位人物。

今天我们谈教育，主要是从德智体美劳五个方面展开，德智体三要素这种论述结构在我国可以追溯到19世纪末20世纪初，是从西方借鉴引进而来的。那么，西方最早对此进行系统论述的是谁？他是如何论述的？这对我们今天的教育有何启示呢？

为此，我们就需要了解洛克的《教育漫话》。虽然用今天的眼光来看，它并不是一本严谨系统的教育论著，但是，该书带来的教育思考依然值得回味。

约翰·洛克（1632—1704）对我们来说并不陌生，在世界历史上，他是一位大名鼎鼎的人物，往往被认为是西方启蒙运动的先驱和英国资产阶级革命的思想先导，在重要的历史转折阶段发挥了极其重要的作用。他的主要头衔是哲学家、政治学家，但是，洛克关于教育的思考在整个西方教育史上也同样有着举足轻重的地位。他的《教育漫话》其实只是一本小册子，但这为数不多的书页却与其所处的时代结合得恰如其分。

洛克出生在英国萨默塞特郡一个清教徒家庭，父亲是当地的一名律师，母亲是一名制革工匠的女儿。洛克的母亲早逝，父亲则成了一名资产阶级革命派，在英国内战时加入了议会军，把查理一世送上了断头台。1640年至1688年正是英国资产阶级革命的时代，这场革命贯穿了洛克的整个人生。可以说，洛克置身于这样一个暴风骤雨的时代，出生于一个资产阶级革命家庭，这决定了他后来总体的思想倾向。他开始思考一个新型社会的理论基础，也试图为这个社会造就新人，他的社会理想和教育理想就是在这个时代中酝酿的。

洛克从小就接受了优质的系统教育。1646年，在父亲友人的帮助下，14岁的洛克就进入了伦敦著名的威斯敏斯特公学[①]就读。1652年，他又进入牛津大学的基督堂学院就读，四年后获得学士学位。在此期间，洛克的父亲和兄长接连病故，但他在学业和事业上并未松懈，大学毕业后他留校任教，并开始从事科学研究，结识了当时的著名科学家波义耳、胡克、牛顿等人。1658年，洛克又获得了硕士学位，并于十年后成为英国皇家学会的一员，这时他已然成了名副其实的科学家。1675年，洛克获得了医学学士学位，并在一位富商家里担任了2年家庭教师，这也是他人生中最重要的教育经

[①] 该学校是英国最著名的九大公学之一，建校历史可追溯至12世纪，坐落于伦敦市中心的威斯敏斯特教堂与英国国会大厦之间。

历。而在此之前，洛克于1666年结识了辉格党的创始人和领袖沙夫茨伯里伯爵，并于次年成为伯爵的私人家庭医生。不过，彼时的英国政局不稳，资产阶级革命尚未取得最终的胜利，斯图亚特王朝复辟期间，资产阶级势力遭到报复，1682年沙夫茨伯里伯爵被迫逃亡至欧洲大陆，而洛克也于次年受到牵连被迫从牛津大学辞职，离开英国逃到荷兰，流亡阿姆斯特丹。流亡荷兰期间，却成为他的创作高峰期，洛克的主要作品都是在此期间完成的。直到1688年光荣革命以后，洛克才重回英国安度晚年，并陆续出版了一系列作品，直至1704年去世。

洛克的作品都是在光荣革命以后出版的，其主要作品都有中译本，如《论宗教宽容——致友人的一封信》《政府论》《人类理解论》《教育漫话》《理解能力指导散论》等。他的影响力主要在哲学和政治方面，我们需要结合他的哲学和政治观点来思考他的教育观。洛克的思想是一栋大厦，哲学、政治和教育各有各的位置，同时又相互联系。初读《教育漫话》，我们往往看不出这本论著的价值，感觉这是一本零碎的"育儿指南"，其篇幅、观点、内容与形式，似乎与大家心目中的"名著"不太相称。阅读之前我们必须明白，只有将其置于洛克的整体思想背景中，才能更好地体会《教育漫话》中洛克教育观的意义和价值。

洛克的《论宗教宽容——致友人的一封信》是一封论述宗教宽容和信仰自由的书信，可谓洛克思想大厦的基石，也成为其教育理念的底色。洛克生活的年代正是西方追求宗教自由的年代，1618年至1648年的三十年战争爆发的一个重要原因就是宗教争端。这场战争几乎席卷整个欧洲，不啻历史上一场西方的"世界大战"。夸美纽斯的人生受到了这场战争的直接冲击，而洛克则是一位全方位的观察者和深入的思考者,他明确地指出,"基督教世界之所以发生以宗教为借口的一切纷乱和战争,并非因为存在着各式各样的不同意见(这是不可避免的),而是因为拒绝对那些持有不同意见的人实行宽容(而这是能够做到的)"[1],而且"火和剑也不是用以说服人们领悟真理、改正错误的恰当手段"[2]。洛克只是说出了常识,而常识在当时是多么难得与宝贵。因此,《教育漫话》也只是洛克关于教育的一种意见,我们读起来可以感受到他的循循善诱和娓娓道来,他的表达没有任何压迫感,他把自己的观点视为一种"建议",而不是非要执行的自上而下式的指令:"我个人只希望青年人能够得到最好的教导(这应该是大家所盼望的),并不一定要自己的意见被接受。"[3]阅读的轻松感,还有一部分受英国经验主义哲学的风格影响。这与我们后面阅读的康德的《论教育学》有着完全不同的感受。经验主义带来的不仅是轻松阅读,还有洛克的知识观,他相信知识是经由感官和经验进入人的头脑中的:"人心如白纸似的,没有一切标记,没有一切观念,那么它如何会又有了那些观念呢?……我可以一句话答复说,它们都是从'经验'来的,我们的一切知识都是建立在经验上的。"[4]因而,实践在知识的形成中就显得格外重要。不过,他的社会理想旨在建立一个理想的社会,并为这个社会找到一个理想形态的政府。洛克反对君权神授,主张社会契约论,他认为政府必须建立在被统治者同意的基础之上,而且政府的权力必须接受监督和制衡。在理想政府的构建之外,另一个重要的问题也就浮出水面了,那就是:如何塑造与理想政府相匹配的合格公民?过去封建制度下的臣民肯定不再符合新制度的要求了。《教育漫话》虽然是关于育儿方面的私人建议,但却是洛克思想体系的重要组成部分,

---

[1] 洛克:《论宗教宽容——致友人的一封信》,吴云贵译,商务印书馆,1982,第47页。

[2] 同上书,第14页。

[3] 约翰·洛克:《教育漫话》,傅任敢译,教育科学出版社,1999,致敬信第2页。

[4] 洛克:《人类理解论(全两册)》,关文运译,商务印书馆,1959,第68页。

回答了教育在合格公民培育方面的作用。

《教育漫话》写于1692年，出版于1693年。英国刚刚经历了光荣革命，资产阶级革命获得了最终的胜利，洛克也已经进入人生的暮年。该书是洛克应好友爱德华·葛拉克先生的请求而写的，洛克在书开头的献词部分对此做了简单介绍："这些漫话，与其说是一篇公诸公众的论文，不如说是一段朋友间的私人谈话。"①该书的英文原名是 Some Thoughts Concerning Education。由此可见，洛克从一开始就没有打算将其写成一本系统性的论著，而是在朋友的催促之下才将其付梓。全书分217节，逐次展开，每一节由一个或多个段落构成一个相对集中的话题。全书总体上分为三个部分：第1—30节论述健康教育，第31—146节论述道德教育，第147—216节是论述知识教育，第217节是结束语。体育、智育、智育三个部分，是洛克论述教育的基本框架。当然，在这个过程中，洛克适当地论述了教师的作用与地位、家长与儿童的关系、教学的方法与原则等方面的话题。

教育的重要性

在洛克看来，教育是造就合格的青年人的路径，是父母的责任，也是国家福祉的基础，因而政府和每位公民都应重视此事。当然，洛克希望培养的是"绅士"，是资产阶级社会的实干家，而不是底层的普通人。他更希望这些"绅士"可以成为引领社会发展的力量："一旦绅士受到教育，上了正轨，其他的人自然就都能走上正轨了。"②尽管这是洛克的一种美好设想，但也说明了他对教育的更大期待，他希望通过《教育漫话》为此提供一种最容易、最简捷和最适当的办法。前文所提到的洛克的知识观和认识论，对他的教育

① 约翰·洛克：《教育漫话》，傅任敢译，教育科学出版社，1999，致敬信第1页。

② 同上书，致敬信第3页。

观产生了根本的影响。他相信外部和后天因素对人的形成的塑造力量："我敢说我们日常所见的人中，他们之所以或好或坏，或有用或无用，十分之九都是他们的教育所决定的。人类之所以千差万别，便是由于教育之故。我们幼小时所得的印象，哪怕极微极小，小到几乎察觉不出，都有极重大极长久的影响。"[1]这既体现了洛克对教育的重视，也体现了他对教育的极大信心以及对早期教育的关注。洛克的很多具体观点，都是由此生发出来的，接下来就逐次详述了其在体育、德育、智育三个方面的建议。

体育：健康教育

全书开篇第一句话："健康之精神寓于健康之身体。"[2]洛克将之视为关于人世间幸福的简短而充分的描述，也是《教育漫话》中最广为流传的一句话。我们可以从中感受到常识表达的力量，人生之幸福何尝不是寄于健康的身体和精神呢？而身体又是精神之载体。因此，洛克在这部分反复强调健康的重要性——人的一切工作和事业都必须以强健的身体为基础。他看到了当时的社会中，尤其是上层社会，由于娇生惯养，很多儿童的身体受到了损害。因此，锻炼身体必须从小开始，要学会吃苦耐劳。所以，洛克从吃、喝、穿、拉、撒、睡等诸多方面提供了一系列的建议，这俨然就是一份清晰的育儿指南，正如他自己所说："总结起来，不过下面简简单单几条极易遵守的规则。就是：多吸新鲜空气，多运动，多睡眠；食物要清淡，酒类或烈性的饮料不可喝，药物要用得极少，最好是不用；衣服不可过暖过紧，尤其是头部和足部要凉爽，脚应习惯冷水，应与水接触。"[3]大概除了用冷水洗澡、洗脚之外，其余基本与今天的育儿理念相符。洛克的观念已经步入了现代的大门。

---

[1] 约翰·洛克：《教育漫话》，傅任敢译，教育科学出版社，1999，第1页。

[2] 同上。

[3] 同上书，第19页。

德育：道德教育

虽然在顺序上，道德教育的论述放在体育之后，但实际上，洛克是视道德教育为第一位的。对于人世间的幸福而言，身体健康虽然是基础，但德行才是真正的核心。什么是道德以及怎样培养道德，或许是古今中外的教育者们一致的困扰，虽然没有谁可以给出终极答案或者做出标准示范，但总有人可以指出其中的关键所在。洛克认为："一切德行与价值的重要原则及基础在于：一个人要能克制自己的欲望，要能不顾自己的倾向而纯粹顺从理性所认为最好的指导，虽则欲望是在指向另外一个方向。"①这里所强调的是人的理性的能力，而这正是启蒙运动的口号，也就无怪乎洛克往往被视为启蒙运动早期思想家的代表了。在他看来，道德教育应该表现为理性对本性的克制与约束，培养理性的精神应是德育的重点，而且，道德教育不应只是讲道理，更要表现为一种具体的行为。洛克也为此思考了一些德育的方法，如尽早培养、及早管教、奖惩适宜、反复练习、强调规则、突出榜样等。他发现儿童的模仿性很强，需要对儿童生活的环境以及他们身边的人提出严苛的要求。由这些细节我们会发现，洛克虽然没有从教经历，自己也没有养育过孩子，但他是一位细腻的儿童成长观察者。也正是因为身边的榜样很重要，所以洛克反对学校教育，倡导家庭教育，这与夸美纽斯是完全相反的。当然，他们的不同观点有他们各自的理由，更是由于各自的不同立场所致。

智育：知识和技能教育

相对而言，智育被放在最后进行讨论。这不仅是顺序使然，

---

① 约翰·洛克：《教育漫话》，傅任敢译，教育科学出版社，1999，第19页。

也体现了洛克的态度,他自己就坦言:"我把学问放在最后,你也许要觉得奇怪,假若我告诉你,说学问最不重要,你是更会觉得奇怪的。"①当然,这只是相对于德育而言,德育确实在很大程度上决定了整个教育的成败。洛克在这部分提出了一个为绅士教育而准备的范围广泛的学科体系,具体有阅读、写字、绘画、语言、文法、法文、拉丁文、算术、几何、地理、天文、自然哲学、伦理学、年代学、历史、法律、速记等,此外还有木工、农艺、园艺以及熏香、油饰、雕刻等实用技艺。他对每一门学科都提出了相应的学习建议。不过,他列举的这么一个庞大的知识体系,虽然反映了他身处的时代是近代知识大爆炸的黎明,但这并不是令读者折服之处。相反,更为重要甚至可贵的,是洛克的知识教学理念依然值得我们今天的教师借鉴和思考。他并不试图用这些知识塞满儿童的头脑,他认为教师的"工作不是要把世上可以知道的东西全都教给学生,而在使得学生爱好知识,尊重知识,在使学生采用正当的方法去求知,去改进他自己"②。洛克在另一部关于教育的小书《理解能力指导散论》中也有类似的表达:"教育的事务……并不是使年轻人在任何一门科学上达到完善的程度,而是开放和安置他们的心,使他在需要专心于某种科学的时候,能够很好地学习它。"③确实,学习知识不是为了填满,而是为了打开。

洛克的《教育漫话》就是一份"个人建议"或"私人谈话",他在最后也坦承:"我不愿意大家以为我把这点文字看成是一篇讨论这个题目的恰切论文。教育上需要考虑的事情还多得很。"④洛克的很多意见都是具体而细微的,他肯定做过很多教育观察而我们却

---

① 约翰·洛克:《教育漫话》,傅任敢译,教育科学出版社,1999,第126页。

② 同上书,第168—169页。

③ 张焕庭主编《西方资产阶级教育论著选(第二版)》,人民教育出版社,1979,第89页。

④ 约翰·洛克:《教育漫话》,傅任敢译,教育科学出版社,1999,第184页。

不得而知。他了解得越多，观点也就更加谨慎，他非常清楚他的建议的局限性和适用范围，因此在开篇就提醒读者，《教育漫话》并不适用于女性教育。不过，后人更多的是批评他的阶级性，即主要专注于资产阶级社会中上层的绅士培养，而没有普及大众。我们需要认识到的是，每个人都不可避免地存在历史局限性，这是任何人也逃脱不了的历史牢笼，但更为重要的是，随着时代的发展，他的意见依然具有生命力并为更广泛的公众所接受。时代限制了他的施教对象，但没有限制他的思想本身，正如他有关智育的告诫在今天更具有启发意义：知识教育不是给予学生"种种知识与知识的宝藏，而是种种思维与思维的自由，是增进心的活动与能力而不是扩大心的所有物"①。

佳句赏读

1. "教育上的错误比别的错误更不可轻犯。教育上的错误和错配了药一样，第一次弄错了，决不能借第二次第三次去补救，它们的影响是终身洗刷不掉的。"②

2. "一切德行与价值的重要原则及基础在于：一个人要能克制自己的欲望，要能不顾自己的倾向而纯粹顺从理性所认为最好的指导。"③

3. "一个善良的、有德行的、能干的人是要从内心去养成的。"④

4. "儿童学习任何事物的时候，做教员的人就应该施展他的技巧，去为他们排除一切杂念，最好使他们腾出地方来接受他们所应接受的思想，使他们能够专心勤勉地来接受，否则它在他们的心里便不会留下印象。"⑤

---

① 张焕庭主编《西方资产阶级教育论著选（第二版）》，人民教育出版社，1979，第90页。

② 约翰·洛克：《教育漫话》，傅任敢译，教育科学出版社，1999，致敬信第2页。

③ 同上书，第19页。

④ 同上书，第27页。

⑤ 同上书，第140—141页。

5. "导师应该记住,他的工作不是要把世上可以知道的东西全都教给学生,而在使得学生爱好知识,尊重知识,在使学生采用正当的方法去求知,去改进他自己。"[①]

[①] 约翰·洛克:《教育漫话》,傅任敢译,教育科学出版社,1999,第168—169页。

卢梭和《爱弥儿》

我们可曾想过,儿童是什么?我们应该认识到"儿童"是一个历史概念,不同的历史时期对"儿童"有着不同的定义。

自然教育,在今天的教育实践中不是个陌生的概念,有时候甚至被作为一种先进理念来讨论,那么,自然教育到底是什么?

在教育的理论和实践领域,有一个比较吸引人的概念,即"消极教育",那么,它真正的含义是什么?

探讨这些问题就要从本篇的主人公卢梭和他的《爱弥儿》讲起。任何标签式的概念都会对教育产生一种误导,因而具有一种危险的倾向,若要避免如此,就必须回到其产生的时代背景和思想背景中,理解概念的真正内涵。

让-雅克·卢梭（1712—1778）出生于瑞士日内瓦，是启蒙时代著名的思想家、哲学家、教育家、文学家，对当时的启蒙运动和后来的西方思想演进及资产阶级革命都产生了极其重要的深远影响。不过，启蒙时代另一位重要思想家伏尔泰却讽刺他是"世界上受教育程度最差的人"[1]，伏尔泰的评价显得苛刻，但也有一定的根据，因为卢梭确实没有接受过正规教育。先且不论伏尔泰对卢梭的评价是否准确，下面这个问题足以引起我们的好奇：这样一位没有接受过一天正规教育的人是如何论述教育并跻身西方著名思想家之列的呢？这要从他的人生经历说起，如果要用一句话对经历了60多年人生的卢梭做一个概括，那就是：他是一个向往淳朴、感情细腻、一生坎坷、命途多舛、生前落魄、死后光荣的天才和斗士。

卢梭出生于日内瓦的一个钟表匠家庭，卢梭的母亲在他出生后几天就去世了，他从小跟着父亲长大。他的父亲有一个很好的习惯，并对卢梭的一生影响深远，那就是热爱阅读。父亲把"塔西佗、普鲁塔克和格劳秀斯的著作与干活儿的工具一起堆放在他的面前"[2]。虽然卢梭没有接受过正规教育，但是，父亲的阅读习惯又何尝不是一种潜移默化的教育呢？卢梭后来回忆道："我不知道我五六岁以前做了些什么，也不知道我是怎样学会阅读的；我只记得我当初读了些什么书，记得它们对我产生的影响：我就是从这个时候起连续不断地、有意识地培养我喜欢读书的兴趣的。"[3]卢梭"用这种拼命读书的方法不仅获得了很好的阅读能力和理解能力，而且还获得了在我的同龄人中只有我才有的对奔放的感情的深切体会"[4]。其实，卢梭的早年经历本身就给我们提供了思考教育，尤其是早期教育的一种不同思路，也对阅读之于个人成长的重要性提供了一些启发。7岁之前，他就把家中藏书全部读完了。在阅读和讨论中，卢梭种下了自由精神和独立性格的种子，这是他今后著述中的两种基调。

---

[1] 李平沤：《如歌的教育历程——卢梭〈爱弥儿〉如是说》，山东人民出版社，2008，第12页。

[2] 雷蒙·特鲁松：《卢梭传》，李平沤、何三雅译，商务印书馆，1998，第5页。

[3] 卢梭：《忏悔录（全二册）》，李平沤译，商务印书馆，2017，第6页。

[4] 同上书，第7页。

很可惜的是，在卢梭10岁的时候，他父亲被迫离家出走以逃避不公正的指控，卢梭被寄养在舅舅家，这种早期教育被迫中断。两年之后，12岁的卢梭需要寻找一门职业以谋生，他开始了学徒和流浪的生涯。这里需要补充说明的是，在中世纪及其后的几百年中，儿童作为一个人生阶段非常短暂，10岁左右的年龄是今天的儿童的正当时，而在那时差不多意味着儿童期已经或接近结束了。12岁的卢梭开始谋生自立，这并不是什么例外，而是当时中底层社会中比较普遍的状况。不过，他在四处流浪的生活中并未学得什么手艺，也没有获得一门稳定的职业，更没有接受更多的教育，这似乎与他思想家的形象完全搭不上边。

1732年，20岁的卢梭遇到了他一生中非常重要的人物，一位贵族夫人——华伦夫人。两人之间的暧昧关系前前后后延续了10年左右。当然，这期间，卢梭还有很多感情经历，这些也成为他后来备受人们诟病的道德污点。华伦夫人出身上层社会，从小接受了良好、系统的教育，爱读书，喜音乐，好交际，在优渥的物质条件下，他们两人一起读书和讨论，卢梭在这一时期"拼命自学，认真读书，勤于思考，一心要把他杂七杂八、零零星星的知识整理成一个系统"①。在生命的间隙里，卢梭并没有放弃自我教育的机会。甚至从某种程度上说，教育在本质上就是一种自我教育，如果自我没有接受教育的意识和需求，外部的条件和环境也发挥不了教育的作用。而这也正是启蒙运动的教育精神之一，卢梭的成长经历就是这种精神最好的注脚之一。在华伦夫人的引荐下，卢梭涉足音乐、歌剧，逐渐进入当时法国的思想界。这段时间对于卢梭而言是非常重要且珍贵的，他过着舒适恬静的生活，体会到了一生中难得的悠闲与幸福，并尝试发表自己的作品。在华伦夫人的推荐下，他还获得了两次担任家庭教师的机会，并开始思考教育问题。1740年，他甚至给

① 雷蒙·特鲁松:《卢梭传》，李平沤、何三雅译，商务印书馆，1998，第47页。

他所教的两个孩子的父亲写了一份教育计划方案。总的来说，他的家庭教师做得并不成功，对方家庭希望看到的是教学效果，而不是教师的长篇大论。1742年，卢梭离开华伦夫人到了巴黎，闯荡当时欧洲思想界的中心，他尝试了很多不同的职业，也愿意结识并希望结交各色人等，但总体而言并不顺利，在事业和思想方面，都没有取得些许成功。

1749年是一个很重要的转折点，从这一年开始，卢梭心中天才的一面在毫无征兆的情况下被激发，而在这之前，似乎完全看不出这个毫无建树的中年人会在世界思想史上留名。卢梭来到巴黎后就与另一位重要的启蒙思想家狄德罗成为好友，但1749年，狄德罗因为发表无神论思想而被当局逮捕并关进了监狱。卢梭在去探监的路上，无意中看到了报纸上刊登的第戎学院的有奖征文题目：《科学和艺术的进步是助长风俗的败坏还是促进了风俗的进化?》。用他自己的话说："在看到这个题目的那一刹那，我看到了另外一个世界，我变成了另外一个人……心情激动得近似疯狂。"[①]在狄德罗的鼓励下，卢梭在这个论题上充分释放了自己的天才灵光，似乎此前所有的积累都是为了这一次的迸发，默默无闻的卢梭一举成名。在卢梭的论文中，他对科学和艺术的发展持激烈的批评态度，认为所谓的进步其实是堕落，也抨击了当时的教育："从我们童年时候起，人们就拿一些毫无意义的东西来教我们，虽把我们教得外表上看起来很机灵，但却败坏了我们的判断能力……学校里什么东西都教，就唯独不教他们做人的天职……孩子们不仅没有学到区别真理与谬误的本领，反而学会了一套善于诡辩的技能，把真理与谬误搞混，使人分不清真伪。"[②]卢梭关于教育的系统化思考，由此开始了。

1755年，卢梭发表《论人类不平等的起源和基础》，跟第一篇论

[①] 卢梭:《忏悔录（全二册）》，李平沤译，商务印书馆,2017,第438—439页。

[②] 卢梭:《论科学与艺术的复兴是否有助于使风俗日趋纯朴》，李平沤译，商务印书馆,2017,第32—33页。

文一样，着力点依然是批判现实。1761年出版了《新爱洛绮丝》，1762年相继出版了《社会契约论》和《爱弥儿》，这三部著作都重在建设，在批判与反思的基础上探讨构建新社会、塑造新人的可能方法与路径。《爱弥儿》所构想的教育计划就是这个理想社会中的重要一环，他试图通过论证"人是可以教育好的"来告诉世人，这个世界也会变得更好，这在当时社会剧变的前夜有着特殊的意义。正因为此，《爱弥儿》甫一问世就遭到各国政府的焚烧与封禁，卢梭也被通缉："卢梭花了20年心血思考和3年时间写作的《爱弥儿》，为他换来的是8年颠沛流离、到处被人驱赶的流亡生活。"[①]因观点各异，卢梭与多位先前的好友以及同时代的其他思想家走向决裂，思想的火花给他带来的却是惨淡的人生，欧洲之大，却无卢梭的容身之地。直至1770年，他才得以安全返回巴黎，度过了一段相对安定的生活，一直到1778年去世。此时的法国已经处在革命的前夕，革命者也开始从卢梭那里寻找重要的思想资源。1789年，革命者在街头向群众朗读和讲解卢梭的著述。1790年，巴黎人民甚至抬着卢梭半身像游行。1794年10月，卢梭的遗骸被迁葬至纪念法国历史名人的圣殿"先贤祠"。他的作品一直被世界各地人民反复阅读，不断给世界带来启迪，正如罗曼·罗兰的评价："他解放了时代的灵魂，他教它打碎它的枷锁，教它认识和表达自己的思想。"[②]

《爱弥儿》为何能对当时的世界产生如此之大的冲击力？最根本的原因在于它挑战了封建制度和教会的权威，批判君主制和社会等级制度。就教育而言，他宣扬"人天生是善良的"，人之所以变坏则是源于社会本身的堕落。在漫长的中世纪里，性恶论是看待人的基调，人的生活过得压抑、无望，经由文艺复兴而至启蒙运动，洛克的白板说就是一次重要的纠正。而卢梭的性善论则更进一步，完全重塑了对于人的根本看法，他在书中从根基上打破了旧社会赖

[①] 李平沤:《如歌的教育历程——卢梭〈爱弥儿〉如是说》，山东人民出版社，2008，第3页。

[②] 罗曼·罗兰编选《卢梭的生平和著作》，王子野译，生活·读书·新知三联书店，1993，第31页。

以存在的前提。据卢梭在序言中所说，这本书"开始是为了使一位善于思考的贤良的母亲看了高兴而写的"[1]，本打算写一篇论文，但不知不觉就写成了一本书。该书的主人公是一个想象中的孤儿，名叫爱弥儿，智力寻常。卢梭希望把施于这个普通孩子身上的教育做成范例。全书分五卷及一篇附录，卢梭按照人的成长顺序即自然的秩序，分阶段描述爱弥儿的成长经历，最后还对爱弥儿未来的人生伴侣苏菲进行教育。因此，这篇教育论著不同于一般的理论著作，它描述了爱弥儿从幼儿到成年的成长过程，也正是在文学式的叙述中，卢梭对相应阶段的教育提出了自己的看法。

发现儿童

在西方历史上的很长一段时间内，"儿童被看作是一个稍纵即逝的过渡时段"[2]，儿童时期是夹在幼年和成年之间很短暂的几年，得不到太多的专门照顾，跟我们今天的儿童概念完全不同。卢梭在12岁的时候就被认为应该自己谋生，这是当时社会的一种普遍性观念。这种情况在17世纪后已经悄然变化。卢梭虽然不是绝对意义上第一个"发现儿童"的人，但他确实较早地在系统的教育理论中把儿童作为具有特殊教育意义的人生阶段来对待，加之特殊的时代背景以及他个人的才华，卢梭的观点在教育的历史长河中显得更加耀眼。他提醒道："在万物的秩序中，人类有它的地位；在人生的秩序中，童年有它的地位：应当把成人看作成人，把孩子看作孩子。"[3]在我们今天看来，这是多么朴素的道理，尽管朴素，我们又在多大程度上做到了呢？卢梭警示道："儿童是有他特有的看法、想法和感情的；如果想用我们的看法、想法和感情去代替他们的看法、想法和感情，那简直是最愚蠢的事情。"[4]早熟的儿童和幼稚的巨婴都不是教育的目的，近300年过去了，教育中的这种愚蠢又减少了多少？

---

[1] 卢梭：《爱弥儿：论教育（全两册）》，李平沤译，商务印书馆，1978，第1页。

[2] 菲力浦·阿利埃斯：《儿童的世纪：旧制度下的儿童和家庭生活》，沈坚、朱晓罕译，北京大学出版社，2013，第52页。

[3] 卢梭：《爱弥儿：论教育（全两册）》，李平沤译，商务印书馆，1978，第74页。

[4] 同上书，第91页。

"发现儿童",其实就是一场观点的根本变革,这对于每一个时代的每一位教育者来说都是需要重新自省的。

自然教育与消极教育

可以说,从儿童本身来看待儿童,是《爱弥儿》中最响亮的口号之一,也是卢梭"自然教育"理念的精髓之一,即要根据人的身心发展的阶段性特征有针对性地开展教育,这是"自然"的第一个含义。卢梭指出:"每一个年龄,人生的每一个阶段,都有它适当的完善的程度,都有它特有的成熟时期。"[1]而对孩子而言,感官是最重要的,因此这是早期教育的重要路径。"自然"的第二个含义是人的理性,这里强调的是儿童的理性而非成人的理性,卢梭反对道德说教:"如果孩子们是懂得道理的话,他们就没有受教育的必要了。"[2]应该让孩子明白,道德约束来自内心,而非外在的权威。这其实与启蒙时代所强调的理性精神是一致的。人生而具有理性,关键在于勇于运用自己的理性。在这个意义上,卢梭将时代精神与自己的自然教育紧密联系起来,尊重儿童的理性也是为以后成人理性的发展做好准备。他告诫道:"只有理性才能教导我们认识善和恶……没有理性,良心就不能得到发展。"[3]"自然"的第三个含义,也是最为大家所熟知的,即大自然界。因为"城市是坑陷人类的深渊"[4],正如卢梭在《论科学与艺术》一文中所强调的,文明的发展成为道德进步的障碍,所以儿童的教育应该在未被人类社会污染的自然界(乡村)进行,以最大程度地远离人类社会的恶习。当然,卢梭并不是要把孩子赶向丛林,过上野蛮人的生活,而是提供一种特殊的环境来规避已被人们的习惯和偏见败坏的社会生活,从而回到一种纯净的状态,让爱弥儿可以回归自己的内心而不受外界干扰,"趁早给你的孩子的灵魂周围筑起一道围墙"[5]。总之,"自然教育"

[1] 卢梭:《爱弥儿:论教育(全两册)》,李平沤译,商务印书馆,1978,第202页。

[2] 同上书,第90页。

[3] 同上书,第56页。

[4] 同上书,第43页。

[5] 同上书,第6页。

有着多方面的含义,也从不同方面体现了卢梭的教育理想。

与"自然教育"相匹配的一种独特的教育方法叫作"消极教育",这听上去似乎是一个非常具有冲击力的概念,我们对其有很多误解。"消极教育"并不是什么都不做、什么都不教或者放任学生肆意妄为。卢梭真正的意思是,要在适当的时间做适当的事情,哪怕是重要的事情也不应该在错误的时间做:"由于错用时间而带来的损失,比在那段时间中一事不做的损失还大,一个受了不良教育的孩子,远远不如没有受过任何教育的孩子聪明。"[1]因为教育上的错误很难通过再次教育而得到纠正,很可能就在孩子身上留下了终身的印记。在卢梭看来,"最重要的和最有用的教育法则"就是"不应当争取时间,而且还必须把时间白白地放过去"[2]。在教育中,珍惜时间是理所当然的,卢梭告诉我们,原来,浪费时间也是必要的,他反对孩子过早地读书,认为儿童时期是一个"理智睡眠期",甚至表示出对书籍的憎恨——他或许没有感觉到自己幼时的阅读经历对人生发展的重要性。当然,这里的"浪费时间"非常具有辩证性,其实是对教育提出的一种极为重要的警示,过于积极和提前的教育可能会适得其反。

生而存在与生而为人

卢梭把整个教育历程分成了五个阶段:幼儿、童年、少年、青年和成年,基本与书中的五卷内容一一对应。前三个阶段其实都属于卢梭宽泛意义上的"童年",重在拥抱自然、训练感官、锻炼四肢,简言之,属于体育的范畴,这是今后学会思维、培养理性的前提。在这一点上,卢梭和洛克保持了一致,他们都相信健康的身体对于精神的重要性,"人类真正的理解力不仅不是脱离身体而独立形成的,而是有了良好的体格才能使人的思想敏锐和正确"[3],卢梭的

---

[1] 卢梭:《爱弥儿:论教育(全两册)》,李平沤译,商务印书馆,1978,第119页。

[2] 同上书,第96页。

[3] 同上书,第150页。

这句话不啻洛克的名言"健康之精神寓于健康之身体"的另一种表述。后两个阶段则开始智育和德育,培养思维、理性和道德,在外部自然秩序的基础上养成自己的内心秩序,其目标不是让爱弥儿过孤独的生活,而是走进社会,将这一"新人"与他的新社会结合起来。这两个步骤的划分,卢梭将其视为"两次诞生":"一次是为了存在,另一次是为了生活;一次是为了做人,另一次是为了做一个男子。"①儿童时期固然宝贵且值得怀念,但人终究要走出儿童时期,迈向成人世界,不能做巨婴。只有经过这两次诞生,人才开始真正地生活。

爱情教育与女子教育

洛克在《教育漫话》的最后说:"青年绅士到了结婚的时候,便得交给他的太太啊。"②洛克的教育计划到此就结束了。但是,卢梭对此却不认同,他在第五卷开篇就直言不讳:"我可没有培养什么绅士的荣幸,所以,我在这方面决不学洛克的样子。"③于是,卢梭不仅要教育好爱弥儿,还要教育好爱弥儿的人生伴侣苏菲。因此,他在第五卷详细讨论了苏菲的教育,表达了他的女性教育观。虽然卢梭认为女性的教育应围绕着男性来进行,也没有像对爱弥儿的教育那样详细地分阶段来进行,但是,他把女性教育作为一个独立专门的话题来讨论,在当时的历史条件下就已经是重大进步了。更为重要的是,卢梭认为男性和女性在身体、精神和道德等方面具有诸多的一致性。在他所构想的理想社会中,男性和女性都以自己的方式参与其中以构建一种完整的善,二者缺一不可,"每一种性别的人都同样为共同的目的而贡献其力量"④。当然,对女性进行教育的目的是构建和谐的家庭生活,这是新社会的基础,其中,"女人必须向男人学习她应该看的事情,而男人则必须向女人学习他应该做的事

① 卢梭:《爱弥儿:论教育(全两册)》,李平沤译,商务印书馆,1978,第286页。

② 约翰·洛克:《教育漫话》,傅任敢译,教育科学出版社,1999,第184页。

③ 卢梭:《爱弥儿:论教育(全两册)》,李平沤译,商务印书馆,1978,第526页。

④ 同上书,第528页。

情"①。这一切都是为了迈向一段美满的婚姻。婚姻是人生大事,既决定了一个人一生的命运,也是社会安定的基石。卢梭给爱弥儿和苏菲的指导是:"如果两个人不论是处在什么环境,不论是住在什么地方,不论是占居什么社会地位,都是彼此相配的话,那他们就可以结成夫妻了。"②他评判婚姻的标准不是物质、阶级的门当户对,而是精神层面的契合,他甚至把是否接受过教育作为一项择偶标准,夫妻双方在理性和道德层面应该是相匹配的。卢梭的教育安排,目的不是追求名利和地位,而是纯粹的幸福生活,他所实施的教育针对的并不是特定的人生阶段,而是整个人生。

卢梭用爱弥儿的整个人生的经历来告诉我们:教育不止于学习,而应着眼于整全的人生幸福;自然教育告诉我们的,不仅是大自然界的教育意义,其更重要的内涵在于,教育要从尊重人本身开始;消极教育其实也是一种更加谨慎的积极;在知识教育中,应当注意"问题不在于教他各种学问,而在于培养他有爱好学问的兴趣"③。当然,在这个较长的人生故事里,卢梭想告诉我们的还有很多,我们会在字里行间发现他的教育灵光,这些都稳稳地击中了现实教育中的很多痛点。卢梭最后留下的故事结局耐人寻味,他在附录里描述了爱弥儿和苏菲度过了十年幸福人生之后的悲惨遭遇。作为读者的我们很困惑:为什么卢梭不为这个虚构的故事留下一个快乐的结局?其实,他在第五卷里为此埋下了伏笔:"我认为,这样一对彼此相配的夫妇是经得起一切可能发生的灾难的袭击的。"④人生本来就无法一帆风顺,正如卢梭自己的经历一样,或许他也想借这个结局告诫世人既要认清生活的真相,又要继续坚持初心与信心,这又何尝不是在教育中应该获得的一种人生态度呢?作为教育工作者,我

---

① 卢梭:《爱弥儿:论教育(全两册)》,李平沤译,商务印书馆,1978,第560页。

② 同上书,第612页。

③ 同上书,第223页。

④ 同上书,第612页。

们应该以更大的人生视野来观照孩子们当前的教育阶段。卢梭的建议未必都是绝对正确的,但肯定是值得反复深思的,我们或许可以从这个告诫开始领悟:"教育孩子,在表面上看来好像很容易,而这种表面的容易,正是贻误孩子的原因。"①

佳句赏读

1."人们只想到怎样保护他们的孩子,这是不够的。应该教他成人后怎样保护他自己……所以,问题不在于防他死去,而在于教他如何生活……生活得最有意义的人,并不就是年岁活得最大的人,而是对生活最有感受的人。"②

2."多给孩子们以真正的自由,少让他们养成驾驭他人的思想,让他们自己多动手,少要别人替他们做事。"③

3."需要记着的是,我们想取得的不是知识,而是判断的能力。"④

4."应该使一个人的教育适应他这个人,而不要去适应他本身以外的东西。"⑤

---

① 卢梭:《爱弥儿:论教育(全两册)》,李平沤译,商务印书馆,1978,第119页。

② 同上书,第14—15页。

③ 同上书,第59页。

④ 同上书,第257页。

⑤ 同上书,第260页。

康德和《论教育学》

一位思想深邃的哲学家将如何论述教育问题？绝大部分的教育思想家有着哲学家的身份，至少也将自己的哲学思考作为讨论教育的基础。哲学和教育是密不可分的。

教育过程中不可避免的强制方法与教育目标的人性自由如何统一？如何通过强制来实现自由呢？这既是一个理论问题，也是一个现实问题，作为教师，或多或少地在特定的场合都感受过这一悖论。

内心义务感的养成对于道德培养有着怎样重要的意义？道德应该是一种内在规范还是一种外在约束？

这些问题很难有终极答案，但是，西方哲学史上的丰碑式人物康德通过他的思考给我们提供了一些启发。

伊曼努尔·康德（1724—1804）出生于普鲁士王国的首都，也是普鲁士王国最大的城市和港口哥尼斯堡（现俄罗斯加里宁格勒）的一个手工业者家庭。他的父亲是一位马具师。康德是他父母的第四个孩子，他有一位姐姐和一位哥哥都在出生后不久就夭折，康德刚出生时也非常瘦弱。不过，父母给康德提供的早期教育为他一生的事业和思想都奠定了关键的基础。这既是他父母的独特照料，也是时代之镜的投射。自宗教改革以来，路德宗在康德出生前二百年的时间里已在哥尼斯堡占据主导地位。康德的父母也是信仰新教的，过着非常虔诚的宗教生活。他曾回忆道："我的双亲（出身于手工业阶层）都是诚实正直、道德高尚和遵纪守法的典范，没有留下财产，但也没有留下债务。他们给了我从道德角度来看，再也不可能更好的教育。每当想起他们，我心中就泛起深切的感激之情。"[①]这种虔诚的宗教感情的浸润，滋养着康德作为哲学家的一生，这对于康德的教育意义也是值得后来者深思的。母亲的影响更是在康德心中留下了极为深刻的教育烙印："我的母亲是一位充满爱、充满感情、虔诚而诚实正直的女人，并且是一位仁慈的母亲。她以虔诚的教导和美德的实例引导自己的孩子转向对上帝的敬畏……我永远都不会忘记母亲，因为她在我身上培植了善的第一颗胚芽，她开启了我认识大自然的心灵之窗，她唤醒并提高了我的智力，她的教诲对我的生命产生了持久的、意义深远的影响。"[②]我们可以推测出，康德的母亲应该具有较高的知识文化水平，这同样与宗教改革之后普鲁士逐渐普及义务教育以提高国民整体教育水平是分不开的。父亲给予的印象虽然没有母亲那么深刻，但是勤劳正直的家长形象本身就是一个最好的道德榜样。康德自有其天才之处，但时代的整体进步依然提供了让其

[①] 曼弗雷德·盖尔：《康德的世界（第二版）》，黄文前、张红山译，中央编译出版社，2018，第11页。

[②] 同上书，第13页。

才华迸发的环境与条件。

宗教改革之后所形成的对普及教育的追求，使得出身底层的康德有机会在6岁左右就开始上附近的慈善学校，学习基本的读写算，且进步很快。8岁的时候，当地教堂的一位牧师发现了康德的天赋，遂推荐他到一所文科中学就读。这所学校的宗教氛围非常浓厚，把道德教育放在首要位置。系统严格的教育虽然对康德的成长至关重要，但同时，严格的纪律和刻板的约束也让康德经受了8年的痛苦，他曾经回忆道："这些先生大概无法在我们身上点燃学习哲学或数学的火花！"[1]康德13岁的时候，母亲去世，家境变得越发艰难，他在舅舅的资助下完成了中学学业，并于1740年正式注册成为哥尼斯堡大学的学生。康德进入大学后倾心于哲学，并由此开始了其哲学的一生，也开始初涉学术研究，三年后发表了自己的第一本著作。虽然这次发表充满了波折，但这也标志着康德能够进行独立的学术研究了。

康德的父亲于1746年离世，之后康德必须自谋生路，于是从1747年开始从事家庭教师的工作。他前后在三个家庭里工作过。总体而言，康德在这些工作中获得的待遇都不错，虽然他自认为"可能是有史以来最差的家庭教师"[2]，但实际状况根本没有这么糟糕，他和他的学生及其家庭都保持着较好的关系。家庭教师的经历也为他近距离地观察孩子的成长提供了重要的机会。1754年，康德重新回到哥尼斯堡大学攻读硕士学位，于次年提交了硕士学位论文并获得通过，随后他向母校提交了教职资格申请，并获得了编外讲师的职位。

按理说，一份大学教职应该可以为康德提供较为舒适的生活，但是，编外讲师这个职位没有薪水，所有收入都来自讲课费，这

---

[1] 曼弗雷德·盖尔：《康德的世界（第二版）》，黄文前、张红山译，中央编译出版社，2018，第21页。

[2] 曼弗雷德·库恩：《康德传》，黄添盛译，上海人民出版社，2008，第130页。

就意味着，该职位上的教师需要上很多课，需要以授课谋生。康德过了15年这样的教职生活。好在康德在哥尼斯堡大学的课颇受欢迎，他的学生曾经评价他的课堂"最饶富趣味""兴味盎然"[1]，他开设的课程也非常广泛，包括数学、自然地理、自然神学、人类学、逻辑学、形而上学、道德哲学等，每周授课差不多都在20个小时以上。1770年，康德终于获得了正教授职位，有了固定的薪水，不必靠课时费生活。之后，康德开始投入学术，但是依然坚持授课，也正是在这个过程中，他与教育学结缘，并酝酿了《论教育学》。哥尼斯堡大学最早于1765—1766学年的冬季学期开设教育学讲座，后来一直断断续续地开着，这是目前所知道的西方大学里开设教育学课程的最早记录了。此时的教育学讲座属于私人讲座性质，也就是由编外讲师开设，学生需要额外缴纳费用才能听讲，并未被纳入哥尼斯堡大学正式的课程体系中。直至1774年，哥尼斯堡大学才规定将教育学讲座作为哲学院的正式课程，由全体正教授轮流主讲，康德于1776—1777学年的冬季学期首次担任教育学讲座的主讲，成为"西方大学教育学讲座的创始人之一"[2]。

1776—1787年间，康德在哥尼斯堡大学四次担任教育学讲座主讲，其讲稿由他的弟子林克整理成书，并于1803年出版，即《论教育学》。次年，康德就去世了，墓志铭出自他的《实践理性批判》最后一章："有两种东西，我对它们的思考越是深沉和持久，它们在我心灵中唤起的惊奇和敬畏就会日新月异，不断增递，这就是我头上的星空和心中的道德律。"[3]这也提醒后人，道德在他心中的重要性。

因此，康德的《论教育学》一书，严格来讲，并不是他的著

[1] 曼弗雷德·库恩:《康德传》,黄添盛译,上海人民出版社,2008,第164—165页。

[2] 肖朗:《康德与西方大学教育学讲座的开设》,《华东师范大学学报(教育科学版)》2003年第1期,第76页。

[3] 伊曼诺尔·康德:《康德三批判书》,武雨南川、李光荣编译,人民日报出版社,2007,第279页。

作，而是一份授课讲稿，篇幅很短。在诸多的西方教育名著中，这或许是篇幅最短的了，中译本因版本不同而一般都是五六十页。康德讲授教育学时，本有教材可参考，但康德的授课方式一般都是脱离教材根据自己的思想进行阐发，所以这本小册子也可以看作是康德教育思想的浓缩精华。这本小册子没有非常细分的目录，只分导论和正文，正文分"论自然性教育"和"论实践性教育"。篇幅虽短，但读起来并不容易，康德在吸收卢梭教育思想的基础上系统阐发了自己的观点，内容丰富深刻，后来有学者称之为"教育学中思维方式的革命"。康德的教育思想和讲授教育学的实践，也为后来的赫尔巴特所继承，也正是从康德这里开始，教育学作为一门学科开始在西方大学里取得独立的地位。

人的天性

人的天性是怎样的？是善的还是恶的？是可变的还是不变的？教育思想家们一般无法回避这一前提性的问题，康德也不例外。康德虽然受卢梭《爱弥儿》的影响很大，曾因读《爱弥儿》而忘记了下午散步，但是他却未完全接受卢梭性善论的观点。在康德看来，天性是指人的动物本性，而善恶却是一个道德问题，这是两个层面的问题，无法直接等同："就本性来说，人在道德上是善还是恶呢？都不是，因为就本性来说，他根本不是一个道德的生物。他只有在把自己的理性提高到具有义务和法则的观念时，才成为一个道德的生物。"[①]因此，道德上的善并不是与生俱来的品质，而是需要人在现实中经过磨炼和自制达到的效果。在卢梭那里，教育是保护与生俱来的善，在康德这里，教育是获得善的过程，特别是要把人性中向善的方面激发出来。这既指明了教

---

① 康德：《康德论教育》，李其龙、彭正梅译，人民教育出版社，2017，第53—54页。

育的必要性，即通过教育使人成为人，又指出了康德在论述教育时的核心问题，即道德性的培养。当然，不同的人性论之间并无简单的对错之分，但是，秉持不同的人性论就会极大地影响我们面对受教育者时的态度。其实，我们在教育工作中的一言一行都在不同程度上反映着我们的人性观。若要实现人性中善的生成，就需要人付出很大的努力，对此，康德也承认："教育就是能够交付给人的最大、最难的问题。"[①]尽管如此，康德以及我们所有的教育工作者也都不得不正视这个问题。

强制与自由

道德培养一直是康德论述教育的核心议题，简言之，道德培养的过程就是把动物性改造为人性，不能让人性受到动物性的伤害，为此，康德提供的路径是训诫或者训育。这带有一些强制性的意味，康德也意识到了这一点，他认为儿童的成长必须经过"机械性的强制"和"道德性的强制"两个阶段，他提出了一个两难困境："教育最大的问题之一就是：人们怎样才能把使儿童服从法则的强制同使其运用自由的能力结合起来？因为强制是必需的！我如何在实施强制时培养出自由来呢？我应当让我的儿童习惯于忍受对其自由施加的强制，并且应当同时指导他好好地运用其自由。"[②]康德提出了初步的解决方案：其一，对待孩子，只要他没有妨碍他人的自由，就给予他所有自由；其二，让孩子意识到自己与他人平等，与人方便即是与己方便；其三，向孩子证明，强制是通向自由的必由之路。然而，康德的方案其实不能算是真正可实施的措施，只是提供了一些指导原则。在这个两难困境中，康德更重要的价值在于明确提出了问题，而不是提供现成的答案。古往今来，呼吁自由、崇尚自由似乎是一个简单的理想口号，但

---

① 康德：《康德论教育》，李其龙、彭正梅译，人民教育出版社，2017，第174页。

② 同上书，第16页。

是，实践中如何达成却从来没有易行的路径。

不论是理念还是行动，这种两难困境对我们教育工作者来说并不陌生，除了强制与自由外，还有诸如界限与开放、热情与紧张、个体与集体、独处与共处、沉默与发言等。20世纪末21世纪初美国著名的教学专家帕克·帕尔默就将这些关系视为教学中的悖论，不过他仍建议教师要与这些悖论共处并体验其中的张力，"具体怎么做是一个难以回答的问题，因为其关键在于教师的内心：把握对立面的张力，关乎心态而非行为"[①]。这虽然没有提供真正的解决方案，但让我们看到了历史与现实的共振，共处的建议也启示我们，在教育教学中，一分为二、非此即彼的思维方式或许值得我们重新审视。

德、智、体、美、劳

德、智、体、美、劳作为阐述教育内容和过程的一种方式，对于一线教师来说再熟悉不过了。在西方教育思想家那里可以比较容易找到"德、智、体"三育论这一教育论述框架的历史渊源，比如古希腊的亚里士多德、近代的约翰·洛克，而将德、智、体、美、劳作为一个整体进行讨论的并不多见，哲人康德恰恰就是这样一位论述者。德育，在康德那里毫无疑问是首要的和最重要的。体育则重在锻炼身体和感官，要让孩子能够运用自己的力量，康德提醒道："人们在培养孩子们的身体时，也是在为社会造就他们。"[②]智育被康德视为是一个培养知性的过程，这时候孩子需要学习各种知识，比如阅读、书写、语言、数学、地理、历史等，知性应当建立在理解而不是盲从的基础上，在这里，康德也呼应了苏格拉底的命题"美德即知识"，他相信道德应该以一定的认知为基础："要培养孩子的品格，那么关键在于让他们认识到，

[①] 帕克·帕尔默：《教学勇气：漫步教师心灵(20周年纪念版)》，方彤译，华东师范大学出版社，2020，第149页。

[②] 康德：《康德论教育》，李其龙、彭正梅译，人民教育出版社，2017，第31页。

在任何事情上都必须有严格遵循的某种计划和法则。"[1]知识的学习从来不是绝对客观的,康德认为,在培养知性的同时,孩子对于美的鉴赏力也在生成,需从感性的鉴赏力上升至理念的鉴赏力,这既是知性的高级阶段,也超越于知性。劳动也应作为一种教育,康德认为:"孩子们学会劳动,这是最重要的。人是唯一必须劳动的动物。"[2]劳动,在康德看来就是"在强制中忙碌",并不是舒适惬意的,与游戏带来的感受完全相反,但这却是学校的重要教育职能之一,康德依然把劳动作为训育或者培养品格的重要路径。由此可看出,智、体、美、劳依然是围绕着道德展开,总体上依然反映了康德的教育取向,也指向了他的理想的培养目标,即世界公民。

世界公民

康德生活的时代是欧洲民族国家逐渐成形的年代,国家意识逐渐增强,但是,康德并没有站在国家、民族、教派或某个团体的角度来论述教育,他的出发点始终是整个人类。康德在最后呼吁:"要让少年对他人有仁爱之心,并要有世界公民的胸怀。在我们的心灵中有某些我们关切的东西:(1)我们自己;(2)同我们一起成长的他人;(3)世界之至善。必须让儿童了解这种关切,以便他们使自己的心灵热衷于此。"[3]这句话今天看来似乎平平无奇,但在那段并不安定的欧洲岁月中却显得弥足珍贵。康德的教育观虽然是从理性出发、围绕着道德进行的理论阐述,但他是有着宏大的社会理想的,教育应当为"世界公民"服务,"世界公民"意味着一个更加和平与文明的人类世界,因此,康德的教育观也就具有了政治性的色彩。正如后来的学者评价他:"康德,他不仅代表了道德和政治的世界主义,而且也代表了涉及教育和教

[1] 康德:《康德论教育》,李其龙、彭正梅译,人民教育出版社,2017,第43页。

[2] 同上书,第33页。

[3] 同上书,第60页。

养的世界公民的世界主义。他的目的不是旨在建立以一个世界政府为首的全球统一的文化制度，而是旨在发展个性和文化的多样性。"①

康德的《论教育学》所呈现的是他在启蒙时代的思想氛围之下对教育的一种理解，这份简短的授课提纲并不能展现康德教育思想的全部，但已经把最基本的底色和最主要的核心告诉了世人，即重视人的尊严和理性，强调行动的自由和思考的独立。正如康德给启蒙运动下的定义一样："启蒙运动就是人类脱离自己所加之于自己的不成熟状态。不成熟状态就是不经别人的引导，就对运用自己的理智无能为力……要有勇气运用你自己的理智！这就是启蒙运动的口号。"②康德的教育学可以说是启蒙运动的教育精神的最集中表达。教育，又何尝不是一个启蒙的过程呢？

佳句赏读

1. "人只有通过教育才能成为人……人只有通过人，通过同样是受过教育的人来受教育。"③

2. "孩子们受教育不应当是为了适应人类当前的状态，而应当是为了适应人类未来更好的状态。"④

3. "人们一定要注意，不应从外面把理性认识灌输给孩子们，而应从他们内心中引出来。"⑤

4. "道德的培养必须建立在准则上，而不是建立在训诫上。"⑥

5. "人在其内心中要有某种尊严，使他比一切造物都更高尚，他的义务就是，不在他自己的人格中否认人性的这种尊严。"⑦

---

① 康德:《康德论教育》,李其龙、彭正梅译,人民教育出版社,2017,第175页。

② 康德:《历史理性批判文集》,何兆武译,商务印书馆,2011,第23页。

③ 康德:《康德论教育》,李其龙、彭正梅译,人民教育出版社,2017,第6页。

④ 同上书,第10页。

⑤ 同上书,第39页。

⑥ 同上书,第42页。

⑦ 同上书,第50页。

赫尔巴特和
《普通教育学》《教育学讲授纲要》

作为一名教师,我们是否想过那些常规的教学流程从何而来,有何理论依据?

尽管已有很多教育家和心理学家讨论过人是如何学习的,但这一学习过程应该遵循怎样的基本逻辑和架构?

当下作为一种综合教育理念的课程思政,一方面源于国家政策的要求,另一方面是否有教育规律上的依据呢?

....

19世纪的一位德国教育思想家的教育论述为解答上述问题提供了一些参考。也正是由于他的工作,教育学才获得了所谓科学般的地位。

约翰·弗里德里希·赫尔巴特（1776—1841）是德国著名的教育家、心理学家和哲学家。在西方教育史上，他被誉为"科学教育学的奠基人"，"从19世纪中叶以来，几乎没有一个教育家像他那样对学校教育实践有如此直接、如此广泛、如此巨大、如此久远的影响"[1]。20世纪初，一位知名的德国教育史学家弗·鲍尔生曾写道："在很长的时期里，人们便把'赫尔巴特教育理论'和'科学教育理论'作为同义词。"[2]可见，赫尔巴特对教育学发展的影响，是学界公认的。而他的人生要从1776年开始说起，这一年，美国发布《独立宣言》，启蒙运动正在进行中，法国大革命也正在酝酿之中，第一次工业革命已经在英国拉开帷幕，整个西方世界处在大变革的前夜。这一年的5月4日，赫尔巴特出生于地处今天德国西北部的一座小城奥尔登堡。他是家中的独子，父亲是当地的一位司法官，母亲也颇有教养，祖父是当地的医生和文科中学校长。赫尔巴特从小就非常聪慧，他母亲非常重视教育，给他提供高质量的家庭教育，不仅亲自教导，还邀请知名的哲学家来当赫尔巴特的家庭教师。这些都为他奠定了广泛而坚实的知识基础。不仅如此，赫尔巴特还发展了各种才艺，11岁时就登台演奏钢琴。可以说，早年的家庭教育为赫尔巴特一生的成长做了很好的铺垫，而他的母亲则将继续在他的人生中发挥重要的影响。

12岁的赫尔巴特进入当地的拉丁语学校学习，在读期间，他对西塞罗和康德的哲学产生了浓厚的兴趣，在学业方面的表现也非常出色，正如学校的毕业评语里面所写的："赫尔巴特始终以守秩序、有良好的操行、学习用功和顽强著称，并且努力通过孜孜不倦的勤奋学习使自己出色的天赋得到了发挥与训练。"[3]1794年，他从文科中学毕业后进入德国最为古老的大学之一耶拿大学，虽然他父亲让

---

[1] 赫尔巴特：《普通教育学》，李其龙译，人民教育出版社，2015，前言第1页。

[2] 弗·鲍尔生：《德国教育史》，滕大春、滕大生译，人民教育出版社，1986，第165页。

[3] 赫尔巴特：《普通教育学》，李其龙译，人民教育出版社，2015，前言第2页。

他学习法学，但赫尔巴特的兴趣依然是哲学，也正是在同一年，著名哲学家费希特来到耶拿大学任教，赫尔巴特受其哲学思想的吸引，成了费希特坚定的追随者。大学期间，赫尔巴特的母亲随赫尔巴特来到耶拿生活，她不仅仅是照顾赫尔巴特的生活起居，还结识了很多耶拿大学的教授，然后引荐赫尔巴特与他们相识，比如，德国著名的哲学家、文学家席勒就与赫尔巴特建立了友谊，并给予他很大的影响。而后按照母亲的安排，赫尔巴特在瑞士的一个贵族家庭里担任了三年的家庭教师，这使他与教育有了初步的实践接触。同时，赫尔巴特还拜访了当时著名的教育思想家和实践家裴斯泰洛齐，两人的年龄虽然相差30岁，但依然结下了深厚的友谊。赫尔巴特开始大力传播裴斯泰洛齐的教育思想。瑞士的经历，对赫尔巴特后来在教育理论与实践方面的建树产生了深远的影响。当然，这一切都离不开他母亲在其背后做出的精心安排。

随后，赫尔巴特短暂地担任过学校教师。1802年，他在德国的另一所精英大学哥廷根大学获得博士学位并留校任教，主要教授教育学、哲学、心理学，同时开展学术研究，并于1806年出版了《普通教育学》，由此奠定了他在教育学历史上的里程碑地位。1809年，哥尼斯堡大学希望赫尔巴特能接任康德哲学教席讲授哲学与教育学，赫尔巴特欣然应允："我能有此机会获得那个教席乃是意想不到的荣幸，我在少年时代学习哥尼斯堡哲人著作时已常常在充满景仰的梦中渴望这一教席了。"[①]而在此三年前，普鲁士惨败于拿破仑，全国上下正掀起教育改革的浪潮，赫尔巴特也积极参与其中，"从1817年起，他在哥尼斯堡大学建立了教育学研究班，进行教育实验活动，这是世界上第一个教育研究所。除此之外，他还创办了师范研究班、附属实验学校，为培养优秀教师做出了贡献。正是在哥尼斯堡大学

① 赫尔巴特：《普通教育学》，李其龙译，人民教育出版社，2015，前言第5页。

期间,赫尔巴特形成了具有自己特色的教育理论和方法"[1]。这期间是其学术生涯的高峰期,赫尔巴特发表了一系列哲学、教育学、心理学方面的作品,逐渐构建起自己的理论大厦。1835年,他出版了《教育学讲授纲要》,1841年再版。1841年8月14日,赫尔巴特去世。

《普通教育学》和《教育学讲授纲要》分别是赫尔巴特学术事业之初和后期的代表性作品,两者结合起来比较完整地呈现了赫尔巴特教育思想的全貌。在《教育学讲授纲要》的前言中,赫尔巴特坦称,《教育学讲授纲要》是以《普通教育学》为教材的30年教学中,积累补充了材料之后所著成的,他认为,如果要详细深入地探讨教育学问题,还得回到《普通教育学》。[2]这是我们今天讲两本书要对照着阅读的原因之一。之二,两本书的内容架构总体一致,都围绕着"管理—教学—训育"三个方面展开,观点上多有相互印证之处,对照着阅读可以帮助我们更好地理解赫尔巴特的思想。之三,从阅读感受上来说,《教育学讲授纲要》比《普通教育学》稍微更好理解一些,《教育学讲授纲要》虽然也是严谨的学术论述,但其呈现方式是条目式的,言简意赅、清晰达意,书名为"讲授纲要"确实名副其实。不论如何,这两本书构成了赫尔巴特教育思想的一个逻辑闭环,也可以视其为赫尔巴特整个教育事业的总结。

教育目的:必要的和可能的

教育目的给我们的教育提供根本的方向,任何教育思想家都要回答这个问题,不论其答案是宗教的、形而上的,还是世俗的、生活的。赫尔巴特在《普通教育学》中首先解决的也是这个问题,但是他的回答方式与其他教育思想家稍有不同。他认为,教育者不仅

---

[1] 黄华:《赫尔巴特》,北京师范大学出版社,2012,第10页。

[2] 赫尔巴特:《教育学讲授纲要》,李其龙译,人民教育出版社,2015,第1—2页。

要为学生长远的将来考虑，还要为学生的当下做准备，所以我们对教育目的的规定不能是单一的，而应该是多层的。因此，赫尔巴特将教育目的分为必要的目的和可能的目的。必要的目的，即最终且最高的道德目的，这是每个人都必须达到的。但是每个人的兴趣和生活是多样的，因此就需要可能的目的。前者完成的是教育的普遍性，后者实现的是受教育者的个性。赫尔巴特其实是在提醒我们，不能因为所谓崇高的目的就牺牲了眼前的实际需求，他的告诫依然具有现实意义："假如仅仅向上看到我们的最高目的，那么个性与人世间的多方面兴趣通常就会被遗忘掉，直到不久之后连最高目的也被遗忘掉为止。当人们迷蒙地把道德置于对超验力量的信仰中时，那么支配世界的实际权力与手段就会落到无信仰者的手中。"①在必要与可能之间，教育者追求的是一种平衡，或者是在共性与个性之间对所谓全面和谐发展的另一种实现方式，其最终在每个人身上的体现应该是："大家都必须热爱一切工作，每个人都必须精通一种工作。"②

教学阶段

在赫尔巴特这里，教学有着举足轻重的地位，因为它是实现教育的手段和路径，但也正因为此，后世常以"教学中心、课堂中心"来批判他。究竟如何开展教学？前人虽有讨论，但鲜有精细的论述，为此，赫尔巴特提出了统觉理论，该理论所描述的是知识形成的过程。他认为，每个学习者在接触新知识时，新知识都会与头脑中已有的观点发生碰撞，然后进行联合、融合、排异等一系列活动，最终的结果就是得到了一种新的知识。这意味着，新知识要以原知识为基础，而"早期习得的知识也必须通过以后的教学得到补充"③。

① 赫尔巴特：《普通教育学》，李其龙译，人民教育出版社，2015，第35—36页。

② 同上书，第31页。

③ 赫尔巴特：《教育学讲授纲要》，李其龙译，人民教育出版社，2015，第43页。

简言之，赫尔巴特从理论上回答了人是如何学习的这个问题，这也是他为教育学寻找的心理学路径。据此，教学要分成四个阶段：清楚、联合、系统、方法。清楚即接触到新知识并为接受新知识做好准备；联合是新旧知识的碰撞与融合；系统是新旧知识融合的实现即习得结果的呈现；方法是指整个过程应按照一定的秩序徐徐展开。其本质上与我们今天课堂教学的环节是基本对应的。赫尔巴特在他的心理学基础上，给教学设定了一个严谨的过程，也是一个更具操作性的流程，"各个步骤必须非常明确与适当，易于实行，并要一步接着一步地慢慢进行。在这时，教学必须非常及时、恰当、严肃和有耐心"①。当然，这并不是一个机械性的传递过程。赫尔巴特认为，教学阶段必须与学习者的心理状态的变化相匹配，知识的习得更多是内在的心理过程，他认为："心灵的充实——这应当视为教学的一般结果——比其他任何细枝末节的目标更重要。"②把教学的机械性造成的负面影响归咎于赫尔巴特的教学理论，这样似乎并不是公正的。

教育性教学

教学不仅应该遵守严格的心理学过程，还要具备另一种关键特质，即教育性。赫尔巴特批评道："知识的多少在与人格训练的比较中被视为次要的事情，并在首先进行了教育以后，才轮到教学，好像没有教学也能进行教育似的。"③虽然知识学习和教学的情况，已今时不同往日，但是教学与教育之间的隔阂依然存在。因此，赫尔巴特明确地指出："在这里，我得立刻承认，不存在'无教学的教育'这个概念，正如反过来，我不承认有任何'无教育的教学'一样。"④简单地说，教育应该通过教学来实现，而教学也应该为教育目的（必要的与可能的目的）服务。赫尔巴特这里所说的教学和教

---

① 赫尔巴特：《教育学讲授纲要》，李其龙译，人民教育出版社，2015，第44页。

② 赫尔巴特：《普通教育学》，李其龙译，人民教育出版社，2015，第100页。

③ 赫尔巴特：《教育学讲授纲要》，李其龙译，人民教育出版社，2015，第31页。

④ 赫尔巴特：《普通教育学》，李其龙译，人民教育出版社，2015，第6页。

育之间的关系，有点类似于今天教学与德育之间的关系，毕竟赫尔巴特的最高教育目的就是德行的养成。如此看来，在今天的学校教育实践中，强调课堂教学的育人功能，并将课程思政作为一种综合育人理念，除了国家的政治性需要外，也是具有教育学规律的，而这一规律早在赫尔巴特这里就已有论述。

道德教育的根本地位

跟几乎所有的教育思想家一样，在赫尔巴特看来，道德在整个教育中具有根本性的地位，"德行是整个教育目的的代名词"①。但在赫尔巴特的理论中，道德教育也分两个方面：管理和训育。管理是为了克服人身上的动物本性，它并不是为了形成某种品质："这种管理并非要在儿童心灵中达到任何目的，而仅仅是要创造一种秩序。"②并以此为后面的训育奠定基础。管理的手段包括命令、威胁、体罚、监督等，这些未必适合我们当下的教育，但赫尔巴特也提醒道，刚柔并济是必要的，同时，权威必须和爱结合在一起才能使二者都发挥应有的作用，因为"不是每个人都能随心所欲地建立权威的"③，这对于所有教育者都是一种警醒。相对而言，训育是一种有目的的培养，有明确的道德指向，且是温和的，它要求"彬彬有礼""快乐和谐""友好亲密"。正是通过训育，管理和教学在道德这个最高目的上被统一了起来，教育才构成了一个整体。"训育应当起维持、决定和调节作用；应当在整体上考虑使心灵能够平静与清晰；应当部分地通过赞许与责备使心灵受到触动；应当及时地提醒它和纠正它的错误。"④训育是为教育的最高目的而服务的，这也正是哲学给教育学提供的基础和提出的任务。

赫尔巴特的教育理论在今天往往属于被批判的对象，他的教学

---

① 赫尔巴特：《教育学讲授纲要》，李其龙译，人民教育出版社，2015，第9页。

② 赫尔巴特：《普通教育学》，李其龙译，人民教育出版社，2015，第18页。

③ 赫尔巴特：《教育学讲授纲要》，李其龙译，人民教育出版社，2015，第28页。

④ 同上书，第88页。

理论看似过于强调"教师中心"和"学习中心",与今天的教育理念不符。其实,我们今天的教学的基本流程正是得益于赫尔巴特最初的论述,执行中的机械化倾向不能只归咎于理论。赫尔巴特的思想实际上与当下流行的教育新理念并无本质区别,他从未单方面地强调知识的教学,教育性教学的理念对教学实践也将具有更加长久的启示价值。更重要的是,他的教育思想始终在平衡与协调各种要素,也触及了教育中的一个实践两难——"教育者力求教育的普遍性,而学生是个别的人"①。这或许将一直考验着我们的一线教学工作者的教育智慧。同时,赫尔巴特在书中的诸多警示亦非常具有现实意义:"教育的不幸恰恰在于,在柔弱的青年时期闪烁着的某些微光,到成年时早就完全熄灭了,因此成人没有能力把那些微光燃成火焰。"②

佳句赏读

1. "教育学的基本概念就是学生的可塑性。"③

2. "德育问题是不能同整个教育分离开来的,而是同其他教育问题必然地、广泛深远地联系在一起的。"④

3. "对于教师来说,再也没有比时常结识具有高尚性格的青年人,借以充分地了解他们富有接受教育的特点,更使他感到幸福的了。通过结识,青年人的精神世界将为他敞开,他的努力不至于徒劳。"⑤

4. "最根本的是,我们决不要过度地把儿童的外部活动激发起来,以至使精神呼吸——专心和审思的交替——受到干扰。对有些人来说,教育的原则必须是:从他们的早年起就要避免给他们的活动以过度的外部刺激。否则,他们就绝不可能达到思想的深刻性,形成礼貌,获得尊严。"⑥

---

① 赫尔巴特:《普通教育学》,李其龙译,人民教育出版社,2015,第33页。

② 同上书,第61页。

③ 赫尔巴特:《教育学讲授纲要》,李其龙译,人民教育出版社,2015,第3页。

④ 赫尔巴特:《普通教育学》,李其龙译,人民教育出版社,2015,第29页。

⑤ 同上书,第100页。

⑥ 同上书,第145页。

福禄培尔和《人的教育》

幼儿园，作为一种教育机构，它源于哪位教育家的理论？

最初的幼儿教育理论奠定者对于教育有何看法？与我们今天的教育理论与实践有何异同？

在儿童的教育中，游戏为何重要？仅仅是因为它适应儿童的心理发展水平吗？还是有其他更多的意蕴？

....

欲回答这些问题，就需要了解19世纪的一位德国教育家，他正是今天遍布世界各地的幼儿园的创始人。

弗里德里希·威廉·奥古斯特·福禄培尔（1782—1852）出生于图林根地区（现为德国的一个联邦州）的一个乡村。他的父亲是一位路德派牧师，母亲在他不到1岁的时候就去世了。因此，福禄培尔是在缺失母爱的环境中成长起来的，而父亲忙于工作无暇照顾他和他的4个兄弟。福禄培尔后来回忆道："我母亲的去世多少有点决定了我整个生活的外界环境。""我早就面临着生活的冲突，处在痛苦和狭窄的环境中，家庭对儿童本性的忽视和不充分的教育对我产生了影响。"[1]只不过，这种影响并不是正面的和积极的，福禄培尔后来甚至称自己无父无母。我们今天很难想象，一个改变世界教育面貌的教育思想家和实践家竟然来自这样一个原生家庭。福禄培尔后来特别强调家庭在幼儿教育中的作用，这与他早年的经历不无关系。福禄培尔4岁的时候有了一位继母。起初，继母给予了他母亲般的关怀，确实让他感受到了母爱的温暖，但是，继母在生育了自己的孩子之后，就变得严厉且充满敌意。而对于父亲，"唯一记住的是他对我责备的那些事情"[2]。总的来说，福禄培尔的早年生活是痛苦的。或许也正是自己痛苦的经历才激发了他对幼儿教育的兴趣与决心。

宗教改革在德意志地区留下了丰富的遗产，特别是对于路德教来说，教育越来越受重视，读书识字成为与上天接近的重要路径。因此，在福禄培尔6岁的时候，他父亲开始重视他的教育了，起初是亲自教福禄培尔基础的读写算，后将其送至乡村学校接受专门的学校教育。而且，他父亲不满意男子学校的学习环境，特意安排福禄培尔进入乡村女子学校就读。福禄培尔后来敏感而细腻的情感或许就与这段经历有关。这时候的乡村学校几乎都是教会开办的，与近代很多教育家对教会学校的批判不同，福禄培尔对学校充满了期待和兴奋："我被送入学校是我进入更高的精神生活的开始。"[3]

---

[1] 转引自单中惠：《让我们与儿童一起生活吧：幼儿园之父福禄培尔》，华东师范大学出版社，2008，第3页。

[2] 同上书，第5页。

[3] 同上书，第11页。

1792年，福禄培尔的舅舅把他送进了一所文法学校就读，并承担了抚养责任。在新学校和舅舅家中，福禄培尔感受到了更多的自由、兴趣和欢乐："在我的整个一生中，我从舅舅那里得到了最感人的和最深远的影响，我的全部生活思想都是在这段时光里开始产生整体与和谐的观点。"[①]这短暂的4年经历也可以看作是对他不幸的早年人生的一种弥补。1797年，15岁的福禄培尔当起了林务员学徒。1799年，在他的强烈要求下，父亲同意资助他去耶拿大学学习。但是，1802年，他的父亲去世，由于经济拮据，福禄培尔不得不放弃学业，之后做过土地测量员、秘书等工作。但在耶拿大学期间，福禄培尔开阔了视野，养成了阅读的习惯，他后来对这段经历回忆道："我至少增加了我自己的经验……在耶拿大学这段时期，我收获很多，最主要的是我为自己获得了一种观点……我已能看到多样中的统一。"[②]这为他后来思想的形成奠定了重要的基础。

在寻找工作的过程中，福禄培尔本希望成为一名建筑师，从未想过成为一名教师。但在1805年与法兰克福的一位校长交流后，福禄培尔被邀请去学校担任教师，并由此发现了自己对教育事业的热爱："我似乎发现了我以前从未知道的但又是我长期所寻求的和所向往的东西……我感到非常幸福。"[③]从此以后，教育就成了他的终身事业。福禄培尔开始认真地思考一些教育的理论和实践问题，当时裴斯泰洛齐在瑞士开展的教育实验影响很大，福禄培尔非常崇敬和向往，1805年和1807年，他先后两次拜访裴斯泰洛齐，虽然两人年龄相差30多岁，但一见如故。福禄培尔后来的教育事业与裴斯泰洛齐的鼓舞和激励是分不开的。

在学校工作2年之后，福禄培尔做了几年家庭教师，而后又获得机会先后在哥廷根大学和柏林大学深造。他虽然在三所著名学府

[①] 转引自单中惠：《让我们与儿童一起生活吧：幼儿园之父福禄培尔》，华东师范大学出版社，2008，第18页。

[②] 同上书，第28页。

[③] 同上书，第37页。

中学习过，但都未真正完成完整的学业并获得学位。但是，他在理论尤其是哲学方面的学习为后来其教育思想的形成打下了基础。1813年，福禄培尔被迫中断在柏林大学的学习加入反拿破仑的战争中，更为重要的是，他在自己的战友中找到了一些今后事业上的伙伴。

1816年，福禄培尔开始创办自己的学校，开展自己的教育实验，次年学校迁往新址。后来，这所学校就因地名而被称为"凯尔豪学校"。在这里，福禄培尔开始整理自己的教育经验，系统地构建自己的教育理论，他越来越坚信："人是一种具有创造力的生命。"[①]正是在这一基础上，他开始写作《人的教育》，并于1826年正式出版。当时的封建政府一开始是支持福禄培尔的教育事业的，但后来发现其教育理念和实践与封建统治者的要求背道而驰，则下令关闭其学校。福禄培尔于1831年流亡至瑞士继续从事教育活动，直到1836年才得以返回故乡，并于次年创办了一所"发展幼儿活动本能和自发活动的机构"，很显然，福禄培尔还未想好适合这所机构的名字。1839年，福禄培尔才想到"幼儿园"一词，并于次年正式公布于世。自此，世界上的第一所幼儿园正式诞生。该名称意味着，福禄培尔创办的机构应该是"儿童的花园"而不是"学校"，应该是儿童玩耍、游戏并获得幸福的地方，这名称也是他的教育理念的一种表达。从1844年开始，福禄培尔赴各地推广幼儿园，他还开办了一所师范学校专门培训幼儿园教师，并确信受过良好训练的年轻女性才是最好的幼儿园教师。在他事业蒸蒸日上之际，封建政府的敌意也与日俱增，1849年政府下令关闭所有幼儿园。三年后，福禄培尔郁郁而终，但是，他的教育理念已在全世界传播，幼儿机构已遍布全世界。

---

① 转引自单中惠：《让我们与儿童一起生活吧：幼儿园之父福禄培尔》，华东师范大学出版社，2008，第74页。

福禄培尔去世后，友人整理了他的遗作，并以《幼儿园教育学》《幼儿发展中教育》为名出版。相对而言，这两本遗作更偏重教育实践，对为后人所熟知的"恩物""游戏""作业"等理念及其操作方法都有较为详细的论述。而《人的教育》侧重理论，阐述了福禄培尔关于教育一般原理的看法，书中内容的宗教色彩比较浓厚，我们可以不必理会他的诸多宗教表述，这并不影响我们对他的教育理论的理解和学习。

教育是精神的觉醒

虽然福禄培尔是带着浓厚的宗教色彩阐述的，但他确实指出了，在教育的角度上，人和动物的本质区别在于，人是一种精神性的存在。"智慧是人的最高目的"[1]，展现人的这种精神性就是教育的最高目的。因此，所有的教学以及人的所有外部活动，都应该以表现人的内在精神为宗旨。福禄培尔指出，适用于每一个人的生活格言和教学规律是："把你的精神本质，即在你身上活着的东西，你的生命，在外表并透过外表在行动中纯正地表现出来，看看你的本质需要什么，它是怎样的。"[2]说到底，生活和教育终究是一个认识内在自我的过程。这也是福禄培尔教育理论的一个基调。当我们以这样的眼光看待人本身的时候，人就是一个包含了多样性的统一体，且是不固定的、非静止的，是连续不断地发展和成长着的。当我们用"生命"这个词来描述人的时候，绝不仅仅是生物意义上的，更是精神意义上的。更重要的是，福禄培尔认为，从孩子出生那一刻开始，我们就应该以这种视角来看待孩子，他相信，生命自从诞生的那一刻开始就展现出自我意识。只有这样，人才能"理解自身，理解他自身发展的历史……才能理解别人……父母才能理解他们的孩

[1] 福禄培尔：《人的教育（第二版）》，孙祖复译，人民教育出版社，2001，第7页。

[2] 同上书，第14页。

子"①，这应该是所有的教育发生的前提。因此，福禄培尔告诫所有的父母："抚育子女的内容和目的就是唤醒、发展和激发孩子的全部力量和全部素质……必须把孩子看作一种有意识的生物……在自己同孩子之间在一定程度上建立起内心的、活生生的、自觉的联系。"②对于所有的教育者来说，又何尝不是如此呢？说到底，教育者必须感受到生命的精神性力量，很多教育问题是源于受教育者的精神被压制，甚至被扼杀。

学校应赋予生命以意义

从精神层面上说，学校不仅仅是一个学习的场所或者空间，它应该为这种精神性的觉醒和成长提供发生的机会，所以，福禄培尔认为："只有使一切事物具有生气和一切事物得以在其中活动的精神和生命的气息，才是真正的学校应有的本质。"③学校应当为精神的成长提供适宜的环境和条件。福禄培尔提出了一个令现代学校教育者感到刺痛的问题，即每一个学童是带着怎样的感情走进学校和教室的？我们的学校是否让所有的学习者感到进入了一个高尚的精神世界呢？我们无法否认，在一些孩子眼中，学校在很多情况下已经变得可怕和可憎。一旦脱离了精神，我们的教和学就简化为机械性的训练，而不会对头脑和心灵发生任何作用。福禄培尔为学校教学所设想的四大领域——宗教、自然、语言、艺术——也都是围绕着人的精神来展开的，最终分别指向人的灵性、悟性、理性和审美。哪怕是身体的训练也是为了与精神实现一致，只有在身体与精神的平衡中才能实现真正的生命。福禄培尔对学校的论述较少涉及具体的管理和教学，对精神的单方面强调在今天看来也确有偏颇之处（当然，这与他的宗教情感有着重要关系），但不得不说的是，这对于我们今天的教育现实是一种警醒。

---

① 福禄培尔：《人的教育（第二版）》，孙祖复译，人民教育出版社，2001，第33页。

② 同上书，第43页。

③ 同上书，第93页。

发展具有阶段性和整体性

很多教育思想家在设想自己的教育计划时,多会对年龄阶段及相应的教育阶段进行划分,并强调不同阶段之间的任务和目标之不同。令人印象深刻的是,卢梭对儿童期的重视,他格外强调要把儿童当作儿童看待。福禄培尔也不例外,他在《人的教育》中就是按照幼儿期、少年期和青年期进行论述的。因为他主要聚焦于幼儿教育,所以他对少年期和青年期的教育着墨不多,但他依然为我们提供了新的思考幼儿教育理论的视角。福禄培尔认为,人的发展是不断前进的一系列过程,可以按照年龄划分,正如很多教育家所做的那样,但是,不应该因界限而造成不同年龄阶段之间的对立和割裂,因为真实的生活和实际的人生从来不存在什么"界限"。否则的话,就是非常危险和有害的,"少儿在自己身上再也看不到幼儿,在幼儿身上则看不到少儿。青年在自己身上再也看不到少儿和幼儿,而在少儿和幼儿身上则看不到青年,他首先带着排斥和轻视的态度来看待他们"[1]。因此,我们依然要以一种整体和联系的观点来看待任何一个年龄阶段的人,特别是幼儿阶段,成年人做不好幼儿教育的根源之一就在于自己身上已经失去了幼儿的特征,更不会把幼儿作为先前发展阶段上的人。其实,每一个年龄阶段,都是一个完整的人。截然割裂的观点,不仅有害,而且"会给人类的发展和进步带来无法形容的不幸、阻碍和干扰"[2],首当其冲的就是幼儿教育。换言之,福禄培尔把人看作是部分和整体的辩证统一,每一个阶段既是独立的整体也是更大的整体的一部分。这应该是我们看待幼儿及其教育的前提。

[1] 福禄培尔:《人的教育(第二版)》,孙祖复译,人民教育出版社,2001,第24页。

[2] 同上。

游戏体现生命

在今天的幼儿教育甚至是少年儿童的生活中,游戏有着很重要的地位,这也是福禄培尔教育理论的重要主题,他甚至还为幼儿设计了游戏教育,即"恩物",当然这是他在《幼儿园教育学》中详细论述的。在《人的教育》中,他表达了关于游戏的基本观点。游戏,在今天看来,是一种外部活动,而在福禄培尔那里,则是一种精神生活的外显。他认为,在幼儿阶段,游戏是"内在本质的自发表现,是内在本质出于其本身的必要性和需要的向外表现……游戏是人在这一阶段上最纯洁的精神产物,同时是人的整个生活、人和一切事物内部隐藏着的自然生活的样品和复制品"[1]。游戏给幼儿带来的是"欢乐、自由、满足,内部和外部的平静,同周围世界的和平相处"[2],游戏不仅仅是外部欢快的活动,更重要的是,它指向人的精神内在,在人的内部和外部之间建立连接,其背后依然是人的精神性和整体性本质的观点。福禄培尔还进一步把游戏分为身体游戏、感官游戏和精神游戏。也正是在这个分类上,我们才能更好地理解,福禄培尔为什么要以"恩物"作为游戏教具。因为"恩物"中的各种形状和材质都是试图以人的精神性和整体性为基础,帮助幼儿更好地认识自己和认识世界。

家庭和学校的连接

福禄培尔并没有太多地谈论家庭,但他的很多建议确实是以父母为对象来提出的,他隐约地告诉我们,幼儿园的活动必须以家庭为基础,"儿童是在家庭里长大的……学校必须与家庭保持联系。学校与生活一致,家庭生活与学校生活一致,这是这一时期

---

[1] 福禄培尔:《人的教育(第二版)》,孙祖复译,人民教育出版社,2001,第38—39页。

[2] 同上书,第39页。

里应当引导我们达到完善境界的完善的人的发展和人的教育之首要的、绝对不可缺少的要求"①。特别是亲子之间的精神一致，是教育过程中建立情感联系的重要基础。他甚至认为，教育和教学中的诸多内容分散在学校和家庭的各个角落里，学校和家庭应该形成合力。虽然福禄培尔并没有明确指出我们今天所说的家校协同共育，但其实质是相通的。对家庭作用和家校连接的重视，其实正是对儿童的生活和精神的一种回归。

正如《人的教育》这一书名所概括的那样，福禄培尔希望阐述的是关于人之教育的总体观点，特别是对人本身的基本看法，因此他讨论的既是幼儿教育理论，又超越于幼儿教育理论，有着更加普遍的思想意义。他所创立并命名的"幼儿园"今天已经遍布世界各地，不论后来的幼儿教育理论有何种发展和更新，都没有从根本上代替福禄培尔的信念，更没有改变幼儿园这一机构背后的基本理念。我们很难想象，一个缺乏母爱、生活在不幸的原生家庭中、一生落魄且充满波折的男人会成为如此充满爱意和人性关怀的幼儿教育机构的创始人。福禄培尔的人生本身就向我们展现了人性的多种可能性，相较于他的思想和理论，他对孩子的热爱与信任或许更值得我们教育者反思："让我们向我们的孩子学习吧……让我们同自己的孩子一起生活吧"②，"与孩子一起当孩子，与学生一起当学生"③。

佳句赏读

1. "对于儿童来说，自己的家庭生活本身成为一种与自己生活不同的外界生活，并成为他的生活楷模。"④

2. "人身上的缺点的一切表现，归根结底，根据在于他的善良

---

① 福禄培尔:《人的教育(第二版)》，孙祖复译，人民教育出版社，2001，第185页。

② 同上书，第65页。

③ 同上书，第155页。

④ 同上书，第71页。

的品性和良好的追求遭到了压制或扭曲，被误解或往错误方向引导。"①

3."一切教学无论如何应与儿童的一定需要和要求结合起来，并且，为了使儿童从训育和教学中获得益处和成效，必须事先在儿童身上完全不可缺少地在一定关系上发展这种要求和需要。"②

4."只有当体力活动与精神活动处于有秩序的相互联系中时，才有了真正的生命。"③

5."教学的使命是：与其说把知识注入到人心灵内部，毋宁说把更多的东西从人心灵内部引出来。"④

---

① 福禄培尔:《人的教育(第二版)》,孙祖复译,人民教育出版社,2001,第87页。

② 同上书,第179页。

③ 同上书,第204页。

④ 同上书,第246页。

第斯多惠和《德国教师培养指南》

作为一名教师，如何不断地提升自己的理论水平和教学能力？在这方面，教师应该有着怎样的自我教育理念？

怎样才能上好一门课？换言之，在具体的课堂教学中，应遵循哪些规律或规则，才能更加有效地提高教学质量？

我们应该有着怎样的教材观？如何处理教育者和教材之间的关系？

这些问题或许都是年轻教师特别是刚入职的教师心中的困惑。19世纪德国教育家第斯多惠针对这些与教师成长、课堂教学相关的问题提出了一些系统的见解，对今天的教师依然具有参考价值。

弗里德里希·阿道夫·威廉·第斯多惠（1790—1866）是近代西方对教师教育进行系统性专门论述的代表人物，对19世纪后半叶德国教育发展的影响很大，被后人称为"德国教师的教师""德国师范教育之父"。他于1790年10月29日出生于后来的北莱茵-威斯特法伦州[①]，他的父亲是一位法官。殷实的家境使他早年就进入拉丁文法学校学习，1808年至1811年间，第斯多惠先后在赫尔伯恩大学、海德堡大学和蒂宾根大学学习数学和物理学。1817年，他以一篇数学和哲学方面的论文在蒂宾根大学获得博士学位。总体而言，第斯多惠接受了那个时代较为完整的正规教育。

1811年，第斯多惠开始了从教生涯，先后在曼海姆和沃尔姆斯两地教书，后于1813年来到法兰克福市模范学校任教，1818年又来到埃尔伯费尔德拉丁文学校担任副校长，1820年出任新成立的梅尔斯师范学校校长，1832年出任柏林一所新成立的师范学校校长。作为一名教师和教育管理者，第斯多惠这20余年的事业总体上是比较顺利的，对当地教育发展的贡献也是突出的，"在第斯多惠任校长的12年里，梅尔斯师范学校为莱茵省的国民学校培养了200多名教师。由第斯多惠拟订的梅尔斯师范学校计划，成了其他普鲁士师范学校的工作基础"[②]。到了这个时期，近代以来的教育理念和方法的更新已经深入人心，比如教育应该遵循自然的原则、直观教学法等。比第斯多惠稍稍年长的赫尔巴特和裴斯泰洛齐更是在理论和实践两方面做好了直接的铺垫工作，第斯多惠在教学工作和教师教育中大力推广裴斯泰洛齐的方法，同时也在赫尔巴特的基础上进一步提高了教育学这门学科的科学性。

在师范学校工作期间，第斯多惠积极参与多种教科书的编写工作，开展师范教育的改革和实验研究。1827年，他创办了《莱茵教

[①] 当时德国还未统一，正处于德意志神圣罗马帝国时期。德国统一后，该州位于德国西部，是德国经济最发达和人口最多的一个州。

[②] 赵祥麟主编《外国教育家评传（第二卷）》，上海教育出版社，1992，第161页。

育杂志》，并亲自担任主编。1832年，他在柏林建立了"教育学协会"，为教育工作者共同讨论教育问题提供了一个平台。1840年，他组建了"柏林初级教师协会"，次年又成立了"教师联谊会"。[①]可见，第斯多惠的事业是多方面的，这些工作也从不同的方面推进了第斯多惠自身的教育事业以及当时整个德国的教育工作和教育科学的发展。

然而，第斯多惠所处的时代是一个新旧制度交替的历史时期，而他是站在当时代表启蒙和开明的资产阶级这一立场上的。他在培养新教师的过程中鼓励教师养成批判性思考的能力，他关心社会问题，特别是为底层民众的教育和生活着想，同时对等级化的学校教育制度提出了尖锐的批判。"第斯多惠强烈要求改革德国的等级学校教育制度，坚决主张设立统一学校，向一切儿童，不论其父母属于哪个阶层、有什么样的社会地位和宗教信仰，提供普遍的教育……主张普及的国民学校必须由国家管理，要用教育专家来代替牧师监督学校。"[②]这逐渐引起封建政府对他的强烈不满，1847年，第斯多惠被当局免去了柏林师范学校的校长职务。尽管如此，第斯多惠在教育界的影响力并未减弱，在1848年欧洲革命期间及其后，他参与各种活动，继续宣扬自己的教育观点和批判旧的不合理的教育制度。第斯多惠在晚年依然热情不减，继续通过参政的方式影响教育政策的制定和推动教育改革的进行，一直到他1866年去世，几乎都未停止过。可以说，他的一生就是为教育事业努力奋斗的一生。

一直到1847年被免去柏林师范学校校长一职为止，第斯多惠从事了近30年的教师教育工作。他一生"共写了15本教科书和9本供教师用的教学指南，这些书在他一生中共印了120版。有些教科书还被译成了波兰文、俄文、荷兰文、丹麦文和其他文字"[③]。第斯多

---

① 赵祥麟主编《外国教育家评传（第二卷）》，上海教育出版社，1992，第162页。

② 同上书，第163页。

③ 第斯多惠：《德国教师培养指南》，袁一安译，人民教育出版社，2001，前言第7页。

惠所处的时代，是欧洲经过文艺复兴、思想启蒙而获得近代教育理念逐渐走向实践的时期，是教育学在近代历史上逐渐取得独立的科学地位的关键时刻，国民教育制度正在构建以及学校教学正走向独立化和专业化。也正是在这一独特的历史背景之下，第斯多惠的教学工作和教育思想才显得格外重要，其影响也是深远的。第二次世界大战后，德意志民主共和国设立了"第斯多惠奖章"来奖励优秀教师，"授予这种奖章具有重大的意义，因为它将德国教师的活动和第斯多惠的伟大事业联系在一起"[1]。

1835年，第斯多惠的师范教育事业正蒸蒸日上，赫尔巴特出版了《教育学讲授纲要》，第斯多惠推出了他的《德国教师培养指南》。在序言中，他明确指出该书是为年轻教师而写，也表达了他对当时教育乱象的强烈愤慨："对于所谓权威统治教育的现象，我不能袖手旁观。目前权威插手教育的范围远远比我们原来所想象的还要广，难道还不是那些教条主义者在学校课堂中强迫学生死记硬背，扼杀了学生的聪明才智吗？曾几何时不是还有许多教师在采用教条主义的教学方法吗？难道最后不是把学生的学习才能通通给埋没了吗？——这简直是对健全的教学法加以侮辱。"[2]该书不是哲学书，也不是阐发理论，而是为了提高教师的实际教学技能。《德国教师培养指南》中除了很短的篇幅是在讨论一些理论问题之外，都是一些实用性的建议，第斯多惠在书中总结了30多条教学的规律和规则，都是针对教师特别是年轻教师提出的关于课堂、教材、学生和教师的建议。虽然有一些建议由于时代和地区的差异而失去了实用性，但其中的大部分依然对今天的教师具有一定的借鉴意义。此外，作为读者，我们在字里行间还可以感受到第斯多惠对教育事业的赤诚热情，并每每为这种真情和信念所感动。

---

[1] 转引自赵祥麟主编《外国教育家评传（第二卷）》，上海教育出版社，1992，第186页。

[2] 第斯多惠：《德国教师培养指南》，袁一安译，人民教育出版社，2001，第3页。

教师的自我教育

《德国教师培养指南》一书开篇讨论的是教师的使命和任务，虽然具有较为浓厚的宗教色彩，但它使教师事业获得了一个崇高的使命。第斯多惠认为，人的最高目的应是实现宗教意义上的永恒理想，人生就是一段不断奋斗、永无止境的旅程，人需要通过自身的努力而不断自我完善才能实现精神上的升华，而学校就是人实现自我完善的重要机构。他发现，"人的固有本质就是人的主动性"[1]，因此，教育无法超出人的主动性，也只有通过主动性，人才能实现人生的终极目标。作为教师，应该认识到"真正的教育是为了人类的自身发展"[2]，不仅如此，还要把这种认识与自己的生活和工作结合起来，做到言行一致、身体力行，这是作为教师的自我修养。简言之，教育别人，先要教育自己。第斯多惠提出了教师提高自身能力和增长知识的三点建议：第一，热爱真理；第二，勇于追求和检验真理；第三，在具体的学习中应该开展各种观察、应用和练习。这三点虽然比较抽象，但这是一个从思想意识到付诸实践的过程，同时也阐明，教师的工作就是一个追求真理的过程，认真观察、独立思考、自我反思是重要的路径，而精神世界的丰富对教师的成长来说是至关重要的。在此基础上，第斯多惠又提出了一些具体的教师自我学习建议，比如，学习要有重点，把自己的学科作为学习的核心，应集中时间和精力，学习要踏实、彻底，养成摘录和做笔记的习惯，要有活跃的团队氛围，等等。这些建议看上去并不是什么高明的措施，但也确实都是一些起码的自我学习建议，毕竟第斯多惠是写给年轻教师看的。其实，这种持续不断的自我教育也是为了让教师对教育时刻保持

[1] 第斯多惠:《德国教师培养指南》，袁一安译，人民教育出版社，2001，第22页。

[2] 同上书，第26页。

清醒的认识，第斯多惠提醒道："如果谁对那些似是而非、云山雾罩、虚无缥缈的俗语（实际上目前认为俗语是一种程度的象征）感兴趣的话，并且加以歪曲理解，又牢牢铭记在心，然后又以讹传讹，这才是真正大大误人子弟。"[1]从这一点上来说，这些建议也适用于所有教师而不仅仅是年轻教师。

作为教学规律基础的天资

作为教育工作者，我们希望能掌握教育的规律，这样我们的工作就有了更大的可靠性，教育效果也是可掌控的。但第斯多惠告诫我们，所谓的教育规律并不是孤立存在的，而是与每个人的天资结合在一起的，教育必须以人的本性和天性为基础，"真正的教育必须力求符合自然规律，教育人决不能要求早熟"[2]。这在今天的教育中似乎已是我们的理念共识，不过实际上总是很难做到，焦虑和内卷正在催熟我们的孩子。根据天性的规律，第斯多惠把人的成长分成了三个阶段：感官性阶段，灵魂经由感官接受外界的刺激；习惯和幻想阶段，或称为记忆阶段，此时个体开始重复和模仿，内心和外部事务进入相互作用状态；独立自主和任意支配的主动性阶段，或称为理解阶段，个体获得了主动性并成为自己的主人。虽然第斯多惠并没有给出科学的依据，但是他的划分逻辑已经跟后来的现代心理学有异曲同工之处了，他确实指出了知识学习过程中的基本规律。更为重要的是，第斯多惠指出了天性也好，教学方法也好，都要放在一个教学活动的整体中去进行考量，这个整体包括学生、学科、教师以及教学的时间地点等外部因素这四个方面。这也告诉我们，教学绝不是教师和学生之间的单线单向传递，而是一个受内外部多种因素影响的复杂进程。

[1] 第斯多惠：《德国教师培养指南》，袁一安译，人民教育出版社，2001，第43页。

[2] 同上书，第85页。

符合自然规律的教学原则

面对教学这个整体性的复杂过程，并基于对人之天性的理解，第斯多惠提出了一系列的原则供教师学习和参考，主要有：根据自然规律和人性发展阶段进行教学；坚持直观教学法，由近及远、由简到繁、由易到难、由已知到未知，循序渐进地讲授学科知识；做到知识和能力兼顾；学习要彻底，教学要有效果；站在学生的立场上鼓励和引导学生；教学不能以驯服为目的，而是要培养独立，重视学生个性的形成；等等。这些规则在今天看来或许没有惊人之处，但这并不意味着会削弱第斯多惠的历史价值，而是说明这些建议已经在很大程度上成为我们教学中的常识。不过，其中依然有两点值得我们继续深思：第一，第斯多惠指出，教师要记住，学生是教学的出发点，因此在教学前，教师必须认真研究学生的知识、思想甚至生活等方面的状态，我们的教学其实是在与学生的整个生活进行接触；第二，"学习应当是一种精神的解放"[①]，教学还是要以激发学生的主动性为第一要义，对学生来说，学习知识不应当是被动地灌输，而应是主动地掌握。尽管已经过去了近200年，但我们的教育现实离第斯多惠的期待还有很长一段距离。

教学中教材的重要性

教材是教师实施教学的主要工具，"教师在学校是否能取得卓有成效的教学成绩，主要要靠熟悉教材的程度，要了解教材本身发展的过程，特别要了解并明确判断产生教材的社会关系"[②]，因此，第斯多惠对教材的使用提出了一些建议，比如：教材的编撰和使用应当遵循学生的成长规律；教材是一个整体，但需要分成一个个阶段进行，同时应让学生提前知晓不同阶段的教学节

[①] 第斯多惠：《德国教师培养指南》，袁一安译，人民教育出版社，2001，第141页。

[②] 同上书，第56页。

奏；使用教材之前，教师应该系统地从多方面研究教材。第斯多惠特别告诫教师，不要根据一些臆想的概念来讲授教材，也不要将教材模式化、公式化。事实上，今天的课堂教学却总是受到各种"概念"的搅扰。

我们应该记住，教材只是教学的工具，不是教学的全部，要想激发学生的主体性，唯有依靠教师的主体性，而不是其他。第斯多惠严肃地指出："事实上再好的教科书也代替不了教师本人的思想和卓识……学生的真正课本就是教师的灵活的思想。"[1]确实，教材只有通过教师创造性地运用，并且与教师的个性和主体性相结合，才能更好地发挥教学作用，否则就是一个僵死的文本而已。对教师而言，教材永远都不是一种依赖，教师应该在教学过程中探求与教材的互动和对教材的再创造。

教学与教师的个性

教学中应该体现教师的个性化色彩吗？我们或许不敢直接肯定地回应这个问题。第斯多惠在书中提出了教师课堂教学的五个原则以提高课堂教学质量，总结为一点就是，充分展现教师自己的个性。确实，如今我们在努力提高教学质量的过程中，强调理念、方法、技术、技巧等，却往往忘记了教育中人的存在，正如第斯多惠所提醒的，学校中最重要的事情是，对学生而言，最有教育意义的事情都会体现在教师身上[2]，而不是别处，教师的人格乃是最有价值的教育力量。可是，我们当前的教育有时候过于低估教师作为人本身的教育力量，而高估了教育的技术性。但作为教师，我们应该对此有清醒的认识并更加积极有效地发挥自身的力量。

---

[1] 第斯多惠：《德国教师培养指南》，袁一安译，人民教育出版社，2001，第57页。

[2] 同上书，第188页。

第斯多惠的这本书虽然只是一本"指南"性质的手册，但不乏对教育本质的真知灼见，不仅对一线教师有参考价值，对我们的教育管理者、教育政策制定者和教育研究者都有一定意义的启发："我们根本不可能提出一种适合每一地区和每一时代的教育学说，万能教育学的倡导者也只不过是一时泛泛空谈一阵理论罢了，过后便束之高阁。"[1]教育充满着不确定性和不可捉摸性，这是由人性本身所决定的，模型化和公式化的做法是值得警惕的。第斯多惠写这本书，系统地提出这么多的教学建议，除了帮助年轻教师成长之外，其实也是在告诉整个社会，教师是需要经过专门训练的，并不是谁都可以轻松胜任的，教学必须摆脱过去的那种随意性，正如他在该书第二版的前言中所说："教师和教育事业的艰难是很少有人了解的。"[2]

佳句赏读

1. "一个人要有所作为，与其说是用本身的知识去影响人，还不如说是用自己的思想行为来培养教育人。"[3]

2. "一切教育和培养的艺术都是一门激发艺术。"[4]

3. "只有通过自我思考和主动探索而理解到的和学会的东西才能活跃思想，潜移默化，逐渐形成信念和个性。"[5]

4. "教师有能力培养学生也是自我继续教育的过程，应当把和儿童与教学打交道看成是自我教育的主要手段。"[6]

5. "真正的教育不是无微不至地抚养学生，而是要对学生的每一细小的进步进行表扬和庆贺。"[7]

---

[1] 第斯多惠：《德国教师培养指南》，袁一安译，人民教育出版社，2001，第67页。

[2] 同上书，第6页。

[3] 同上书，第24页。

[4] 同上书，第81页。

[5] 同上书，第162页。

[6] 同上书，第184页。

[7] 同上书，第203页。

斯宾塞和《教育论》

作为教学者,你是否会思考:我们在课堂上教给学生的知识有价值吗?

进一步而言,我们该如何评判知识是否有价值呢?具有何种价值?

对学生而言,学习是快乐的吗?应该是快乐的吗?

…………

这些问题,既是我们现实的困惑,也是历史上经久不歇讨论的话题。当我们思考这些问题的时候,其本身就说明,知识以及教育的背后寄托了我们更多的追求。这也似乎在提醒我们,知识并非绝对客观和平等的,而是具有价值性和主观性的。这意味着一种思维方式的转变,而带给我们这种转变的代表性人物就是19世纪的英国教育思想家斯宾塞。

赫伯特·斯宾塞（1820—1903）出生在英格兰中部的德比城。他的父亲威廉·乔治·斯宾塞是一位教师，深受瑞士教育思想家和实践家裴斯泰洛齐的影响，同时还担任当地一个科学团体"德比哲学学会"的秘书。该学会的创建者正是《物种起源》作者达尔文的祖父。后来斯宾塞对进化论的推崇，或许也因这些早期的渊源。斯宾塞的祖父也是教师，他还有三位叔父，他们的职业分别是教师、牧师和医生。因此，斯宾塞的家境比较殷实，家庭成员都有着较高的文化修养和社会地位，这些为斯宾塞的成长提供了良好的环境和基础。据斯宾塞自己说，家庭成员们给他最深的印象在于："独立性，坚持自己的判断，不落俗套，无拘束地表现他们的情操和看法，特别是有关政治、社会、宗教和道德方面的问题。"[①]

斯宾塞早年的教育是在家中由父亲亲自实施的，在十九世纪三四十年代的时候，斯宾塞的父亲已经能够用符合科学规律的教学方式来教导斯宾塞了，如强调观察、经验和发现，倡导自主学习等，不仅如此，他还跟斯宾塞一起观察、记录、开展实验。总的来说，斯宾塞的父亲对教育自己孩子的重点不在于提供什么教学，而是共同参与学习活动。这些很可能是当时的学校教育无法提供的。因此，在斯宾塞很小的时候，他父亲就给他构建了一个庞大的知识体系框架，而且是以科学和实用为导向的，对于西方传统的古典知识则是比较忽略的，正如斯宾塞自己所说："我丝毫不了解拉丁语与希腊语的价值，更不通晓英语的全部结构……除了普通算术之外，我没有其他的数学知识。除知道一点古代史知识外，也没学过历史……由于对周围事物和它们的特性的观察，我比一般的男孩子知道得多，对关于事物的原理和发展过程的概念考虑得更清楚，对物理和化学的各种特殊现象有更多的感性知识，我也从个人的观察和读书中获得有关某些动物生活，特别是昆虫生活的知识。"[②]这些早年学习经

---

① 转引自赫·斯宾塞:《斯宾塞教育论著选（第二版）》，胡毅、王承绪译，人民教育出版社，2005，前言第6页。

② 转引自赵祥麟主编《外国教育家评传（第二卷）》，上海教育出版社，1992，第254页。

历，为斯宾塞后来教育思想的形成奠定了重要的基础，他没有受到强迫，他的兴趣爱好得到了自由发展，空想、闲逛、钓鱼等这些在今天甚至会被当作"不良嗜好"的爱好也没有受到压制。而且，就当时而言，斯宾塞所受的教育方式其实是具有某种颠覆性的，对传统也是一种冲击。这同样为他后来的教育思想奠定了基调。

由于父亲的健康问题，斯宾塞13岁的时候被送到叔父托马斯·斯宾塞手上继续接受教育。斯宾塞从严厉的叔父那里获得了知识和道德两方面的训练，斯宾塞对此是充满感激的："他们给我的悉心照顾和对我的宽宏大量，远远超过我的期望。他们以极大的耐心执行一件似乎没有指望的任务……我该大大地感激他们。他们必须对付一件难于管教的材料——一个太倔强不易模塑的个性。"[①]4年之后，斯宾塞并没有像父母所期待的那样继续上大学，而是选择了就业。那么，如何择业就成为摆在斯宾塞面前的一个现实问题。由于身处教师世家，教师自然也就成为首选的职业，在父亲的帮助和引荐下，斯宾塞来到一所学校担任一位教师的助手。斯宾塞的教学工作完成得很不错，与学生相处得也很好，但是，他的个性和自身的教育经历使得他无法适应太过机械和单调的学校教育制度，他的教育理想与教育现实并不契合。因此，3个月之后，斯宾塞选择了离职，结束了极其短暂的教师生涯。

1837年11月，在叔父的介绍下，斯宾塞来到伦敦，开始从事铁路建设工作。此时，英国的资本主义发展欣欣向荣，铁路建设也渐入高潮，斯宾塞主要从事土地测量、水准测量、制图、试验机车等工作，同时也利用工作的机会拓展了地理地质方面的知识。1844年开始，英国铁路建设进入狂热状态，商人、民众都想从中牟利，铁路股票大涨，但很快，到第二年的时候，市场出现恐慌，铁路股票的泡沫破灭。也正是在斯宾塞的劝说下，他的父亲及时从股票市

[①] 转引自赫·斯宾塞：《斯宾塞教育论著选（第二版）》，胡毅、王承绪译，人民教育出版社，2005，前言第15页。

场抽身，但是，他所在的铁路公司受到了很大的冲击，他也为这种狂热所震惊。1847年开始，斯宾塞决定离开铁路行业，不再与其发生任何关系。

1848年春，28岁的斯宾塞来到伦敦的《经济学家》杂志担任编辑，由此正式开启了其作为思想家的生涯。斯宾塞一边工作一边写作，借助编辑和出版事务，开始进入伦敦的思想界和知识界。他的第一部重要专著《社会静力学》也于1850年出版面世。这是一本讨论政治和道德体系的论著，斯宾塞也在书中提出了对教育的期待："政府应该把儿童塑造成好公民，按照它自己的判断去决定什么是好公民以及怎样可以把一个儿童塑造成好公民。它必须首先为自己形成一个标准公民的明确概念；在这样做了之后，它必须制定一项训练制度，一项看起来是根据标准产生公民的最适当的制度。"[1]某种程度上，斯宾塞后来的《教育论》就是为这一期待设计的一个方案框架。与此同时，斯宾塞与当时英国众多的科学家、哲学家和思想家结下了友谊，并开始大量写作。1853年，斯宾塞甚至辞去编辑一职以便专门著述。1857年，斯宾塞有了一个更加宏伟的计划，即构建一个庞大的思想体系，此后，他用36年的时间完成了10卷本的《综合哲学体系》。

斯宾塞的《教育论》正是他在酝酿这个庞大的著述计划的过程中完成的。该书由他1854年至1859年间发表的四篇讨论教育的论文组成，于1860年和1861年分别在美国和英国出版了单行本。该书的四篇论文《什么知识最有价值？》《智育》《德育》《体育》原是斯宾塞撰写的书评，虽然体现了他的一些基本教育主张，但不能将其视为斯宾塞对教育的全面论述。全书以科学主义和进化论为基调，有着较为明显的时代特色。斯宾塞的人生完整地涵盖了整个维多利亚时代，这是英国的黄金时代，斯宾塞笔下所透露的乐观主义信念是

[1] 赫伯特·斯宾塞：《社会静力学（节略修订本）》，张雄武译，商务印书馆，1996，第151页。

对这个时代最好的注脚。

什么知识最有价值

凡是思想家论述教育,总要找到一个逻辑起点,斯宾塞的逻辑起点是生活,即"怎样生活?这是我们的主要问题。不只是单纯从物质意义上,而是从最广泛的意义上来看怎样生活"[1]。这提醒了我们经常会忽视的一个常识。我们经常会听到"为了孩子的一切""一切为了孩子"之类的口号,我们也经常把教育的目的设定为所谓"整全人的发展",可若再追问一句,教育到底为了什么呢?我们往往忘记了自己身处其中的最真实的生活,教育中出现的诸多问题可能都与远离生活有关。也正是循着这一思路,斯宾塞发现,教育中过于追求装饰性的无用之物,而教育的动机也不是个人的真实需要,而是由社会氛围所营造的虚荣心:"所考虑的不是什么知识最有真正的价值,而是什么能获得最多的称赞、荣誉和尊敬,什么最能取得社会地位和影响,怎样表现得最神气。既然在整个生活中,问题不在于我们是怎样,而在人家将怎样看我们,所以在教育中问题也就不在知识的内在价值,而多半在于它对别人的外部影响。"[2]可是,生有涯而知无涯,斯宾塞提醒我们必须珍惜有限的时间以从事最有意义的事情。那么最有意义的事情,以及人生的终极目标是什么呢?那就是完满的生活,要以生活来衡量教育中的一切。于是,斯宾塞就以"生活—教育—课程"构建了一个框架体系,见表1:

[1] 赫·斯宾塞:《斯宾塞教育论著选(第二版)》,胡毅、王承绪译,人民教育出版社,2005,第11页。

[2] 同上书,第9页。

表1 "生活—教育—课程"框架体系

生活	教育	教学内容（课程）
直接有助于自我保全的活动	准备直接自我保全的教育	生理学、解剖学
间接有助于自我保全的活动	准备间接自我保全的教育	语言、文学、算学、逻辑学、几何学、力学、物理学、化学、天文学、地质学、生物学和社会科学
抚养和教育子女的活动	准备为人父母的教育	生理学、心理学和教育学
维系社会和政治关系的活动	准备做公民的教育	社会风俗、人民生活习惯，生产制度与生产工艺，教育和科学的进步，文化建设和审美，日常生活、饮食起居和娱乐，各阶层的道德理论和实践等
满足爱好和情感的活动	准备各项文化活动的教育	绘画、雕塑、音乐、诗歌等

教育的理想应当立足于生活的幸福，学校教育的科目应当与生活的各方面联系起来。由此，斯宾塞提供了一个庞大的知识体系。不过，我们发现，当斯宾塞说出"什么知识最有价值，一致的答案就是科学"的时候，他所指的"科学"并不是狭义上的自然科学，而是指他这个知识体系。在斯宾塞这里，"科学"并不是指哪些科目，而是指一种重新思考和审视教育的方式。

德育

关于道德的培养，斯宾塞遵循的是由夸美纽斯、卢梭等人所倡导的自然原则，特别是自然后果法，他相信："自然通过最简单的方式，给我们说明了道德管教的正确理论和实践。"[①]当然，这种主张也有着19世纪功利主义哲学的底色，功利主义相信人们会通过对愉快和痛苦的抉择与平衡来决定自己的行为。而且，社会现实也告诉

① 赫·斯宾塞：《斯宾塞教育论著选（第二版）》，胡毅、王承绪译，人民教育出版社，2005，第91页。

我们，人为的惩罚往往没能真正地改造人，监狱就是最好的例证，犯罪不会因刑罚的加重和监狱的增加而减少。因此，家长的身份和职责应该是"自然的执行者和解释者"，让孩子认识到自己行为所带来的真实后果即可，这种做法还能让孩子获得判断正确与错误行为的理性知识，并有助于形成和谐愉快的亲子关系。最后，斯宾塞提出四个基本的德育原则：第一，"不要希望儿童有任何大量的美德"，因而要防止孩子在道德上的早熟；第二，"少发命令"，在管教方面不要管太多，尽量使孩子养成自治的能力；第三，"不要抱怨儿童表现相当的自我意志"，自由的性情会造成管教困难，但却是自由社会的基础；第四，"经常记住正确地进行教育不是一件简单容易的事，而是一个复杂和困难的任务、成人生活中最艰巨的任务"，父母对孩子的教育既要有信心也要有耐心。[①]

智育

在"什么知识最有价值"的引导下构建的庞大知识体系，是需要去学习和掌握的，斯宾塞为这一学习过程提供了一些基本的原则，总的来说，就是尊重自然、倡导直观性教学和注重发展主体性。他首先区分了教和学中的旧方法和新方法。旧方法就是死记硬背，强调记住，但是其结果只是获得了一堆杂乱的材料，而且容易忘掉；相反，新方法是指遵循心智发展从具体到抽象的过程，强调理解，其结果是对知识的重新组织和理解，"一旦被青年理解了，就会永远归他所有……它形成了一个有效手段去进行研究、独立思考和发现，而前一种完全无法达到这个目的"[②]。在这种新方法中，最重要的是观察、实验和实物教学。在这种新旧变革中，斯宾塞提出了一个愿望，即让知识学习变得愉快而非痛苦，于是后世便把这一愿望说成是"快乐教育论"，教育和学习能否真正变得"快乐"，此处且不赘

---

① 赫·斯宾塞：《斯宾塞教育论著选（第二版）》，胡毅、王承绪译，人民教育出版社，2005，第107—112页。

② 同上书，第51页。

述，每一位教育者也可能仁者见仁、智者见智。但是，我们需要明确的是，斯宾塞在这里仍然是继续强调学习需要遵循儿童的心智特点，要尊重生命的普遍规律。随后，斯宾塞提出了七条智育的原则，对以上三点原理进一步细化。总而言之，在智育方面，斯宾塞希望为教育者和学习者在生命规律中重新定位。

体育

斯宾塞在饮食、衣着、运动等方面也提出了自己的见解，相较于洛克，斯宾塞的建议更加符合现代的医学理论和育儿理念，当代的读者基本都对他持肯定态度。在这方面，斯宾塞依然呼吁，身体的锻炼与心智的训练一样要遵循自然的规律，因此，他极力批判和反对教育中的用脑过度和学习过度，这两个现象在今天的教育中其实仍存在，斯宾塞的警示似乎有着预言性："这种过度的教育在各方面都坏：坏在给予一些不久就忘的知识；坏在引起对知识的厌恶；坏在忽视知识的组织，而那比获得知识更重要；坏在削弱或损耗精力，而缺了它训练好的心智就无用处；坏在产生健康不良，即使成功了也无法补偿，而失败了要加倍痛苦。"[1]我们也可以把斯宾塞的建议看作是洛克"健康之精神寓于健康之身体"的重新表达。我们不应忘记身体和精神同样重要，教育追求的不是个体某一方面的突出或超前的表现，而是获得一种均衡与适时的发展。而近两百年来的人类教育在这方面似乎一直重复犯同样的错误。"自然是一个严格的会计师"[2]，斯宾塞的这一告诫依然是具有现实意义的。

斯宾塞经历的是繁荣的时代和辉煌的一生，学识渊博且著作等身，有着"维多利亚时代英国的亚里士多德"称号，他生前获得了11个国家和32个学术团体给予的荣誉称号，1902年还被提名为诺贝

[1] 赫·斯宾塞：《斯宾塞教育论著选（第二版）》，胡毅、王承绪译，人民教育出版社，2005，第146页。

[2] 同上书，第141页。

尔文学奖候选人。读斯宾塞的《教育论》最重要的不是读其具体观点如何，尽管书中不乏真知灼见，且推理严密、注重事实，他给我们最大的启发还应该是提出的问题以及提问的方式。循着斯宾塞的思路，除了问"什么知识最有价值"之外，我们还可以继续问"谁的知识最有价值""知识如何教最有价值"，等等。每一个问题都可能会引出我们关于教育的新思考。而且，就"什么知识最有价值"这个问题本身，在不同的时代亦有不同的回答，特别是人工智能出现以后，人类的思维能力或许比知识本身更加值得珍视，在任何教育情境中也都不应该忘记我们的目的是生活本身，而不是其他。

佳句赏读

1."心智演化有个自然过程，干扰它就会发生损害；我们不能把人为的形式硬加在一个正在发展的心智上。"[1]

2."真有教育意义和真正有益健康的后果并不是家长们自封为自然代理人所给予的，而是自然本身所给予的。"[2]

3."记住你的管教的目的应该是养成一个能够自治的人，而不是一个要让别人来管理的人。"[3]

4."自然是一个严格的会计师，如果在一方面你所要的比她所准备给的多了一些，她就在别处减一点来平衡账目。"[4]

---

[1] 赫·斯宾塞：《斯宾塞教育论著选(第二版)》，胡毅、王承绪译，人民教育出版社，2005，第48页。

[2] 同上书，第95页。

[3] 同上书，第111页。

[4] 同上书，第141页。

赫胥黎和《科学与教育》

科学之于教育的意义和价值是什么？如何看待科学本身？

在实施科学教育的时候，如何处理科学和人文之间的关系？

当科学成为教育的主要内容时，教育自身又该有何种更新？

....

虽然今天已经是科学盛行的时代，但是，对这些问题的思考依然可以从早期的科学教育倡导者和组织者赫胥黎那里获得一些启发。

托马斯·亨利·赫胥黎（1825—1895）出生在英格兰米德尔塞克斯郡的一个乡村，是他父母的第七个孩子。他的父亲是当地学校里的一位数学教师，赫胥黎8岁进入父亲所在的学校就读，但仅读了两年。由于这所学校的倒闭，他的学校教育生活也就结束了。他的父亲也不得不担任银行职员以维系家庭生活。不过，短暂的学校生活并没有给童年的赫胥黎留下什么好印象："我所接受的教育是最简单的日常教育，这恐怕是一件非常幸运的事情，因为我的生活方式能让我有机会接触人类各种生活条件和生活方式，从社会最底层一直到最顶层，因此我坚信我在学校里所接触的社会环境是我所知的最恶劣的一个。"[1]赫胥黎所看到的学校及其教师都不关心孩子们在智力和道德方面的发展，校园里恃强凌弱的现象也很普遍。此后，他再也没能回到正规的学校完成基础教育，但是，这并没有影响他的学习之路。

赫胥黎对父亲没有很深的印象，但对母亲雷切尔·威瑟斯有着很深的感情："在那个年代，她接受的教育和其他来自中产家庭的女子都差不多，但是她却非常聪明……如果我有机会重来一次，我最想要继承的还是我母亲的智慧。"[2]从他早年的兴趣来说，赫胥黎希望长大后成为一名工程师，但事与愿违，他从15岁开始跟随一位从医的姐夫学医，并成为一名助理医生，17岁时获得一份奖学金得以在查令十字医院跟随来自伦敦大学学院的托马斯·沃顿·琼斯教授学习。在琼斯教授的指导下，赫胥黎于1845年发表了第一篇医学论文。从此以后，医学就成了他一生中主要的工作领域。不过可惜的是，赫胥黎本可以获得伦敦大学的医学学士学位，但由于他缺席了第二场学士考试而与大学学位失之交臂。然而，行医的经历让赫胥黎学到了很多："世界不但需要治好它的身体上的毛病，而且同样需要治好它的社会毛病。"[3]

---

[1] 托马斯·亨利·赫胥黎：《赫胥黎自述：物竞天择，适者生存》，陈可译，江西教育出版社，2012，第27页。

[2] 同上书，第26—27页。

[3] 亨利·托马斯、达纳·李·托马斯：《伟大科学家的生活传记》，陈仁炳译，江苏科学技术出版社，1980年，第156页。

随后，赫胥黎担任了海斯拉海军医院的外科助理医生，并参加了一趟长达四年的远航。也正是在这次远航中，赫胥黎不断经历着新事物，开始了自己的生物学研究并发表学术论文，得到了当时学术界的认可与赞赏。当他远航归来后，于1851年入选英国皇家学会会员。1854年又成为伦敦矿业学院的博物学讲师。此后，他的事业几乎与教育工作密不可分，担任各类学校的讲师、教授、院长、校长等。1883年至1885年间，他出任英国皇家学会会长，这是他一生最高的荣誉。除此以外，赫胥黎还出任过第一届伦敦教育委员会委员，积极参与英国国民教育制度的创立。他还经常在演讲和著述中讨论教育，发表自己对教育问题的看法。作为一名科学家，赫胥黎发现自己喜欢教学工作："作为一个教师，赫胥黎倒是一个理想的人物。他是一个自我奋斗出来的人，他的学生听众也是一些自我奋斗出来的听众，而他讲课所用的语言也是生动活泼的，没有经院式的气味。"①从更加精确的意义上说，赫胥黎在当时成了一名普及科学的教育工作者，并以此作为一生的志业："我的目标大致定位在：尽可能地增加有关自然科学的知识，促进科学方法在研究一切生命问题方面的应用，坚信只有真实的思想和行动，正视这个世界的本来面貌并把它的虚伪外衣剥开……人类的苦恼才能减轻。"②

1859年，达尔文的《物种起源》问世。赫胥黎很快就成为达尔文及其进化论的支持者和宣传者。1863年，他将此前三年中的演说稿结集成册以《人类在自然界的位置》为名出版。作为"《物种起源》一书的补充"，他自己也表明："我对这一问题的各个方面都进行了长时间的思考，所以文中的结论，无论正确与否，都不是草率得出来的。"③不过，他也不是盲目追随达尔文，虽然他是进化论最有力的辩护者，但他都是根据他自己所做的古生物学研究成果而得出的结论。确实，19世纪后半叶的欧洲已经进入了科学时代，科学

① 亨利·托马斯、达纳·李·托马斯：《伟大科学家的生活传记》，陈仁炳译，江苏科学技术出版社，1980年，第158—159页。

② 托马斯·亨利·赫胥黎：《赫胥黎自述：物竞天择，适者生存》，陈可译，江西教育出版社，2012，第36页。

③ 托马斯·亨利·赫胥黎：《人类在自然界的位置》，李思译，福建科学技术出版社，2019,"告读者"。

的理性及其成就正逐渐成为社会的焦点,教育也不可避免地受到影响,正如赫胥黎自己所说:"在科学教育方面,战斗的号角已经响彻云霄。"[1]

正如前面所述,赫胥黎是一位科学家,也是一位教育家和演讲家,还是一位热心的科学普及工作者。1870年至1872年间,赫胥黎担任新成立的伦敦教育委员会委员,"在其任职的短暂期间内,他为国家初等教育的基础所立下的功绩也许比其他任何人都更显著。他同那种只要求死记而使脑力疲竭的学究式教育方法展开斗争;对儿童的教育是应该使他们能在社会中走上有益的岗位的"[2]。终其一生,赫胥黎在各种场合都一直是科学教育和技术教育的积极倡导者,对英国乃至世界的教育发展都产生了重要的推动作用。

1894年,在去世前一年,赫胥黎亲自编辑出版了自己的9卷本文集。《科学与教育》就是《赫胥黎论文集》的第3卷,收录了他在30多年里发表的17篇论述教育的讲演稿和论文。虽然相对比较零散,不是系统的教育论著,但总体上比较集中地反映了赫胥黎关于科学教育的看法和观点,包括对古典教育的批判、对科学教育的呼吁、关于科学教育和自由教育的重新阐释等。赫胥黎认为,教育的功能主要在于两个方面,其一是"教导青年人养成一种习惯",其二是"提供人类资本经验中最重要的部分,也就是各方面的知识",知识应该包括科学和艺术两个方面。[3]在《科学与教育》中,赫胥黎主要是按照这样的思路展开,为当时的科学教育、科学与人文的协调寻找新方向。

批判古典教育

19世纪中期的英国,工业和技术的发展已经跃居世界第一,英国也逐渐走向辉煌的巅峰,科学对生产和生活的影响日益深刻,相

---

[1] 托·亨·赫胥黎:《科学与教育(第二版)》,单中惠、平波译,人民教育出版社,2005,第94页。

[2] 商务印书馆编辑部编《近代现代外国哲学社会科学人名资料汇编》,商务印书馆,1965,第1138页。

[3] 托马斯·亨利·赫胥黎:《赫胥黎自述:物竞天择,适者生存》,陈可译,江西教育出版社,2012,第85页。

较于社会的其他方面,教育的惰性似乎更强。赫胥黎发现他所看到的英国教育现实依然在追求"华而不实"的效果:"我们的大部分学校和所有大学所提供的教育,仅仅是一种狭窄的、片面的和实质上无教养的教育——在它最糟糕的时候,实在是近于完全没有教育。"①他看到,英国的学生在学校里学习的仍然尽是传统的古典知识,钻研没完没了的形式和规则,只求记忆不求甚解,都是一些非实用知识和技能,哪怕是语言和阅读,也从不考虑其实际价值。因此,对于那些以实际事务为目标的人来说,"古典教育是一个错误"②。这还会造成两种非常糟糕的教育后果:其一,学生是为了通过考试而进行学习,而不是为了知识和技能;其二,学生只相信书本,只知道通过书本学习,不懂得如何在观察和实践中学习。为此,赫胥黎觉得,教育改革不能仅是口头上的呼吁,还必须落实到教育实践的改变,因为"现行中小学体制阻碍科学教育的严重性是不能低估的"③。不过,这并不意味着赫胥黎彻底否定了古典教育的价值,他是呼吁我们对教育应有新的理解。

提倡科学教育和技术教育

那么,什么才是赫胥黎期望的科学教育呢?这有一个前置性问题:什么是科学呢?如果科学是高深莫测的,那么它对于普通大众和年幼孩童来说,是不合适的。在赫胥黎看来,"科学只不过是经过整理和系统化的常识……科学家只是一丝不苟地和精确地使用了普通人习以为常的和经常漫不经心地使用的方法"④。这些方法也只不过是观察、演绎、归纳、证明。这意味着,科学其实就在我们每个人的生活之中,与我们息息相关,只是我们不自知而已。那么,科学教育就必须与生活实践相联系,必须"保证给予真实的知识和进行实际的训练……科学教育的最大特点,就是使心智直接与事实联系,并且以最完善的归纳方法来训练心智"⑤。与斯宾塞强调学科不

① 托·亨·赫胥黎:《科学与教育(第二版)》,单中惠、平波译,人民教育出版社,2005,第79页。

② 同上书,第108页。

③ 同上书,第169页。

④ 同上书,第37—38页。

⑤ 同上书,第90页。

同,赫胥黎更加凸显的是内在的学习思路,在这里,"科学"不仅仅是科目和内容,更多的是指一种思维的方式和教学的逻辑。"确定无疑地,如果科学教育不是作为一种智力训练,不是建立在对于事实的直接的感性认识,以及实际运用对于事物的观察能力和逻辑思维能力的基础上,那么,这种教育是毫无价值的。"[1]在此基础上,赫胥黎对技术教育的强调也有着更加宽泛的含义,他所指的技术教育并不是狭隘的技巧和手工。真正的技术教育需要以全面而完整的发展为前提,需要充满活力的身体、令人振奋的精神以及自我体认的尊严,否则,只剩下手工艺的教育是有害的和危险的。这对于今天的科学和技术教育依然是有启示甚至是有警醒意义的,赫胥黎并没有以科学代替一切,而是希望寻找到科学时代的教育理想。

科学时代的自由教育

西方历史上源远流长的自由教育传统,在科学时代又如何自处与改造呢? 赫胥黎在他的论述中从未回避或者否定过自由教育,但他赋予科学时代的自由教育新的含义。在赫胥黎看来,自由教育的目标是要达到"与自然界完全和谐一致",要使身体和情感服从意志,心智要充满关于自然界的各种知识且能有条不紊地发挥作用,要精神充满活力和激情,并懂得热爱和尊重。[2]自由教育不能简单地等同于古希腊、古罗马的语言和文学,应该包含更加广阔的领域,也不能只聚焦于具体的知识或智育,应该指向整个人的精神的成长。赫胥黎谈论科学、教育、自由、文化、技术等概念的时候,其实都是一种宽泛的指代,教育当然要传递知识和方法,但更重要的是养成习惯和激发精神。也正是在这种意义上,才可以调和科学与文学。在整个教育中,各个组成部分之间从来都不是谁占主导、谁被支配的问题,而是如何把各个组成部分合理地组织起来以达到教育最终目的的问题。或许这才是古往今来不同教育理想的共同内核。自由

---

[1] 托·亨·赫胥黎:《科学与教育(第二版)》,单中惠、平波译,人民教育出版社,2005,第146页。

[2] 同上书,第64页。

教育的目的是热爱生活和享受乐趣。

关于教师培养

关于教师，赫胥黎讨论得并不多，也没有专篇论述。但正如前面所述，赫胥黎自己就是一位出色的教师，教学颇受欢迎，而且他在不同的演讲和论文中提出了一些值得深思的观点。首先，为了教育能达成好效果，合格的教师是至关重要的："必须记住，需要一名教师比需要学习的愿望更为重要。"[①]因为在当时，教师的匮乏是英国教育改革中的最大困难之一。其次，赫胥黎提出了对教师的一个核心要求："一个好的初等学校教师，要教任何的基础科目，就需要最细心地思考并精通所教的那门学科……直到你把它当做你的日常生活和日常知识的一部分，然后你就能教任何人。这就是我所讲的有实际经验的教师的含义。"[②]教师应当对整个学科的知识有着较完全地把握，才能在知识和学生之间搭建桥梁。这就意味着，对教师的要求并不会随着学生的年龄和年级的递减而降低，相反，学生的年龄越低，搭建知识桥梁的难度甚至可能越大。最后，要设立专门的教师培训机构，这在今天似乎已是常识，不过赫胥黎提出的另一个问题依然具有现实意义，即培养教师之后又如何留住教师。虽然没有统一有效的方法，但能够肯定的是，不能仅仅依靠教育情怀和奉献精神。

很显然，我们今天所处的时代跟斯宾塞和赫胥黎他们的时代已经完全不同了，当时的科学正在冉冉升起但还未取得统治性的地位，所以他们要大声疾呼科学的重要性。以后来者观之，他们的教育主张都是颇具远见的。相较于斯宾塞，赫胥黎自己就是一位很有建树的科学家，他对于科学教育的看法更加具体和明确。教育为生活做

[①] 托·亨·赫胥黎：《科学与教育（第二版）》，单中惠、平波译，人民教育出版社，2005，第79页。

[②] 同上书，第120页。

准备不再只是一句口号,而是切实可行的措施,教育也不仅仅是个人完善的路径,更是社会改革的手段。他关于科学与文学之间的平衡的论述对我们当下的 STEM(Science、Technology、Engineering、Mathematics 四个英文单词的首字母缩写组合)教育也有着现实的启发意义:"除自然科学外,还有其他的文化形式;看到这个事实已经被人们遗忘了,或者,甚至看到一种为了科学而扼杀或削弱文学与美学的倾向,我感到极大的遗憾。对教育性质所持的如此狭隘的观点,与我所坚持的应当把一种完整的和全面的科学文化引入到一切学校的信念毫无共同之处。"①

佳句赏读

1. "教育的职责首先是为青年提供观察事物的方法,并养成他们观察事物的习惯,其次是分别以科学或艺术的形式,或者以科学与艺术相结合的形式给青年提供学科知识。"②

2. "在大多数人身上,审美的能力正像推理能力和道德观念一样,是需要唤起、引导和培养的。"③

3. "即使在最好的情况下,考试仍将是对于知识的一种不完善的检验,以及对于能力的一种更不完善的考查,但它对于一个人的研究能力几乎无可奉告。"④

4. "一个有成就的人并不在于他少年时代的上课时间,而在于他的课余时间。"⑤

5. "一切教育的最有价值的效果,也许就是使你自己能够做你必须去做的事情。"⑥

---

① 托·亨·赫胥黎:《科学与教育(第二版)》,单中惠、平波译,人民教育出版社,2005,第88页。

② 同上书,第122页。

③ 同上书,第141页。

④ 同上书,第157页。

⑤ 同上书,第267页。

⑥ 同上书,第269页。

杜威和《民主主义与教育》

教育与生活之间是何种联系？如何构建这种联系？如何在生活中思考教育更加广泛的意义？

现实中，教育的目的和手段是否存在割裂？这种二元割裂是否会伤害教育本身？为此，我们要为思考教育寻求一种新思维吗？

教育对于社会改革有何重要意义？如何看到教育的更大价值？

....

这些问题并没有一个终极的明确答案，但却是我们在追寻教育意义的时候不得不去思考的。杜威或许能给我们提供一些启发。

约翰·杜威（1859—1952）是美国著名的哲学家、教育家和心理学家，实用主义哲学的代表人物，对20世纪前半期的美国进步主义教育运动有着极其重要的贡献，对20世纪以来世界范围内的教育变革和社会变革都产生了广泛而深远的影响。甚至到今天，在我们的教育理念和实践中依然能够看到杜威和他的时代所留下的影子。杜威的人生始于1859年，终于1952年，跨度将近一个世纪。在近百年中，杜威亲眼看到了美国和世界的各种剧变，如：南北战争、第二次工业革命、西进运动、进步主义运动、第一次世界大战、十月革命、经济大危机、第二次世界大战等。美国也由一个年轻的国家一跃成为世界两极之一。杜威的人生正是在这个广阔的背景下展开的。

1859年10月20日，他出生于美国佛蒙特州的一个小镇，父亲做着杂货生意，母亲出生于一个有教养的家庭。杜威和他的两个兄弟的教育备受重视，这离不开他们的母亲的严格教导，同时，清教徒的生活氛围也给了他们很好的道德熏陶。但是，公立学校给杜威带来的是惹人厌烦的经历，"一直到杜威上大学时，在他本人所受到的教育中，最重要的部分是在课外获得的……毫无疑问，杜威对普通学校中死记硬背方法的愚蠢性所作的评论，在很大程度上应该归功于他个人对偶尔的令人愉快的课时的回忆。他回忆到，这是由于一些教师并不完全拘于规定课程的缘故"[1]。1879年，杜威完成大学学业，从佛蒙特大学毕业。大学期间，他开始对哲学感兴趣，并逐渐进入一个广阔的学术世界，这为杜威一生的学术事业奠定了良好的基础。后来，80岁的杜威重新回到佛蒙特大学演讲时说道："这些老师都是他们自己专业里具有献身精神的学者，与这些教师的接触能对人起到激励的作用。"[2]

---

[1] 简·杜威等：《杜威传（修订版）》，单中惠编译，安徽教育出版社，2009，第9页。

[2] 戴伟芬：《杜威画传》，山东教育出版社，2018，第25页。

大学毕业后，杜威先来到宾夕法尼亚州石油城中学做了两年教师，主要教授拉丁语、代数和自然科学，而后回到家乡教了一年书。在这三年的教师生涯中，杜威一直保持着对哲学的兴趣，从未停止过阅读，并开始尝试专业的哲学写作，以至于他产生了将哲学作为一生志业的想法。1882年，杜威向亲人借了500美元来到成立于1876年并在美国大学的研究生教育历史上有着举足轻重地位的约翰斯·霍普金斯大学继续深造。当时的霍普金斯大学，学术氛围非常浓郁，杜威几乎全身心地投入学习和研究，并被黑格尔主义哲学所吸引。两年后，他完成了博士学位论文《康德的心理学》，还发表了一些学术论文。1884年，刚毕业的杜威就被推荐到了正在改革和腾飞中的密歇根大学任教，时任校长詹姆斯·B.安吉尔"给师生提供了一种真正民主的环境，并提倡创造性教育所必需的自由权利和个人责任感……这些实际情况给杜威留下了深刻的印象，并开始形成了以后构成他教育理论的思想链条"[1]。1894年，在密歇根大学执教10年之后，杜威接受了芝加哥大学的聘请担任哲学、心理学和教育学系的系主任。在芝加哥大学的10年，杜威的哲学和教育学学术研究日臻成熟，同时，他开始关注教育实践，甚至开办了自己的实验学校——杜威学校。这所学校被称为芝加哥大学实验学校。这是进步主义教育运动时期著名的教育实验之一。"杜威学校完全是实验性的，是为检验杜威的教育思想而开办的。"[2]同时，为了提高教育学的学科地位以及更好地培养教育方面的人才，杜威将教育系从哲学系中分离出来，并亲自兼任系主任。在这期间，杜威发表了一系列早期著作和文章，如《我的教育信条》《学校与社会》《儿童与课程》等。后来完成的《民主主义与教育》可以说是他在芝加哥大学期间教育实践和教育理论思考的直接结果。但是，由于在实验学校的管理问题上与当时的芝加哥大学校长发生了冲

[1] 简·杜威等：《杜威传(修订版)》，单中惠编译，安徽教育出版社，2009，第19页。

[2] 同上书，第70页。

突，1904年，杜威离开了任教10年的芝加哥大学，来到哥伦比亚大学任教直至退休。

如果说在芝加哥大学的10年杜威思想逐渐成熟，同时他也完成了从哲学家向教育家的转变的话，那么在哥伦比亚大学的26年就是杜威把自己的教育理论系统化并向全世界传播开来发挥影响力的时期。在这期间，杜威专心著述，差不多每两年推出一部轰动学界的著作，同时他还担任过美国心理学联合会、美国哲学协会、美国大学教授联合会等学术组织的主席，并参加各种社会组织。1919年1月，杜威应邀到日本访问，并于五四运动前夕来到中国。他几乎是五四运动的全程观察者，他本打算只在中国待一两个月，结果一直到1921年7月才离开。杜威在中国10多个省市，做了200多场演讲，在中国的近现代历史上留下了深刻和久远的影响。这段经历对于杜威来说也是极为重要的："杜威不仅对同他密切交往过的那些学者，而且对中国人民，表达了深切的同情和由衷的敬佩。中国仍然是杜威所深切关心的国家，仅次于他自己的国家……杜威从美国到中国，环境的变化如此之大，以致对他的学术上的热情起了复兴的作用。这就为社会教育作为一种社会进步工具的重要性提供了一个生动的证据。"[①]后来，杜威又考察了土耳其、墨西哥和苏联的教育，在世界教育发展的图景中继续丰富他自己关于教育的思考，同时也为他国的教育改革建言。

1930年，杜威从哥伦比亚大学荣休，1952年去世。他一生著述颇丰，其著作至少已经被翻译成了35种文字在世界范围内传播，他在理论和实践两方面的影响都非常深远。《民主主义与教育》初版于1916年，是杜威最具代表性的教育理论作品，系统性地反映了他的教育观点："核心内容是研究现代民主社会应该培养什么样

---

① 简·杜威等：《杜威传(修订版)》，单中惠编译，安徽教育出版社，2009，第42页。

的人，以及怎样培养人，它是一本以'民主'为关键词的现代教育哲学导论，它的使命是发展民主主义的教育，捍卫民主和完善民主。"[1]1949年10月20日，在杜威90岁生日庆典上，著名的教育哲学家肯尼恩·D.贝恩说道："没有任何一个思想家能够像杜威那样清楚地看到哲学与教育学之间存在的紧密联系……正是当代知识和道德任务的各种要求的本质使得杜威着重指出，哲学乃是教育的一般理论，而教育乃是检验哲学思想的实验室，如果哲学思想得以检验的话。"[2]将这句话作为对《民主主义与教育》精髓的概括，或许也是恰当的。

教育是什么

几乎每一位教育思想家都要对教育本身进行界定，杜威也从重新定义教育开始。教育是什么？杜威首先厘清的更加根本的问题是：人的生活及社会是什么？生活的延续及其调整就是社会，而人的生活则被各种经验充满，经验则源于人与环境之间的适应和互动。个体所生活的时间与空间是有限的，而群体和种族总要不断地延续下去，因此，代际传递就变得极为必要，而这就是教育的过程。从这一意义上讲，教育在人类社会中发挥的作用，是纵向上的传导机制，其具体表现为一种沟通。正是源于充分的沟通，不同的群体与种族才能在价值观上达成某种一致，进而可被称为一个共同体。由此而言，教育绝不仅仅是课堂上的知识传递，而是弥漫于整个社会中的。杜威告诉我们，应该以一种更加宏大的视野来看待教育，正如他所批判的："忽视教育的社会必要性，不顾教育与影响有意识的生活的一切人类群体的一致性，把教育和传授有关遥远的事物的知识，和通过语言符号即文字传递学问等同起来。"[3]教育应

---

[1] 涂诗万主编《〈民主主义与教育〉：百年传播与当代审视》，教育科学出版社，2016，第25页。

[2] 简·杜威等：《杜威传(修订版)》，单中惠编译，安徽教育出版社，2009，第400页。

[3] 约翰·杜威：《民主主义与教育(第二版)》，王承绪译，人民教育出版社，2001，第14页。

该与社会建立更加深层次的联系。除了纵向上的理解外，从横向上看，个体身处的真实环境（人与这种环境必须发生联系且产生互动）也具有教育的性质："社会环境能通过个体的种种活动，塑造个人行为的智力的和情感的倾向。"[1]也正是在这种意义上，个人的参与塑造了个体自身，所有人的参与构建了整个社会，基于群体的有效的个体参与就是教育的外部逻辑以及整个社会的基础。基于纵向和横向这两种基本的理论，杜威认为，教育就是个体和群体经验的"不断改组、不断改造和不断转化的过程"[2]。学校则应该为这种过程的发生与发展提供基本的实现条件。简言之，教育是一个生长的过程。在这种视角下，个体的"未成熟状态"是生长的首要条件[3]，本是消极的缺点却由此获得了积极的意义。杜威不仅在社会层面上重新理解教育的内涵，还以教育的新含义来重构理想社会。他认为："民主主义不仅是一种政府的形式，它首先是一种联合生活的方式，是一种共同交流经验的方式。"[4]而教育正是实现这一目标的过程，甚至可以说，教育与民主社会的构建是同步且同一的。

教育的目的

杜威并没有像其他教育思想家那样就教育谈教育，而是将其与广泛的社会建立深刻的联系。在这种观点之下，教育的目的就无法用单一的数量或维度来衡量，甚至并不是要去教育的外部（也是民主社会）寻找某种目的，因此就有了杜威被广为传诵的一句话："教育的过程，在它自身以外没有目的；它就是它自己的目的。"[5]杜威的教育目的观一度被认为是"教育无目的论"。很显然，这是一种误解，其真正的意思是，教育的目的不应该在教育

---

[1] 约翰·杜威:《民主主义与教育（第二版）》，王承绪译，人民教育出版社,2001,第22页。

[2] 同上书，第58页。

[3] 同上书，第49页。

[4] 同上书，第97页。

[5] 同上书，第58页。

之外去寻找，应该从教育内部生发。只有这样，教育者和受教育者才能感受到教育的意义。因为杜威发现："外部的目的观把手段和目的分离，而从活动内部产生的目的……始终既是目的，又是手段。"[1]这种对教育目的的重新理解，对杜威所处时代乃至今天的教育，无不是一种犀利的批判。教育中的种种问题与难题，不正是因为我们的教育活动偏离了教育本身吗？

学校是什么

学校就是为这种教育的发生提供空间的特定环境，并在这一环境中发挥简化、净化、平衡、协调的功能，以促进教育的发生。简化和净化，是因为教育所需要传递的文明与文化非常复杂，不能也不必全部要求学生吸收；平衡与协调，是因为学校"保证使每个人有机会避免他所在社会群体的限制，并和更广阔的环境建立充满生气的联系"[2]。学校既要与社会相统一，又要与社会有所区别，还要超越于现有的社会，这是杜威对学校作为一个特殊机构的高度期待。基于此，学校之中的管理者、教育者、学习者、科目、教材、方法等，都不应该是割裂的，而应该是充分地联系和交融在一起的，其最终的目的就是要让学习变得更有意义。教师的职责也在于此，即注重教学活动与学生之间的联结，并使这种联结产生必要的社会意义，然后才能真正服务于教育。对于教师的工作，杜威也提醒道："教学的问题，乃是寻找材料使一个人从事特殊的活动的问题……这种活动不把事物当作操练的器械，而当作达到目的的条件。"[3]

---

[1] 约翰·杜威：《民主主义与教育（第二版）》，王承绪译，人民教育出版社，2001，第117页。

[2] 同上书，第27页。

[3] 同上书，第146页。

五步教学法

杜威还对灌输式的教学进行了激烈的批判:"知识常被视为目的本身,于是,学生的目标就是堆积知识,需要时炫耀一番。这种静止的、冷藏库式的知识理想有碍教育的发展。"[1]因此,在他看来,教学应该与激发思维紧密相关,教学的过程与逻辑应该与思维本身保持一致才行。也正是这样,杜威教育理论中著名的"五步教学法"是在"教育中的思维"这一章中提出来的。他认为,在教育教学中,第一,要给学生提供一个真实的情境;第二,在情境中产生一个真实的问题以激发学生的思维;第三,让学生占有资料和观察问题;第四,让学生想出解决问题的办法;第五,让学生检验自己的办法是否有效。[2]这五个步骤其实是希望教学要模拟思维的过程,教育的目的不在于用知识填满学生的头脑,也不是赐予学生某种思维,而是让学生在思维的过程中通过演练来获得学习和成长。而今天倡导和流行的项目式学习,不也体现了这种教育意蕴吗?

道德教育论

杜威在《民主主义与教育》中并未用很长篇幅来阐述他的德育观,但他在全书的最后几页提出了道德教育观点,这依然是值得反复回味的。杜威对当时的道德教育状况的批判也是犀利的。他指出,在狭隘、孤立和割裂的做法中,学校中的道德教育已经"不可避免地成为一种教义问答的教学,或者成为'关于道德'的课"[3],而这样的道德教育是没有希望的。因此,他反对直接的道德教学。在杜威看来,道德是在个体与其他个体、与整个社会的互动和合作

---

[1] 约翰·杜威:《民主主义与教育(第二版)》,王承绪译,人民教育出版社,2001,第173页。

[2] 同上书,第179页。

[3] 同上书,第372页。

中获得与形成的，因而，学校中的学习科目必须体现出社会意义，才能发挥道德的功能。这呼应了杜威在整本书中所提出的教育观点：学校与社会是一体的，道德与社会是相通的。杜威的批判可以说正切中了我们教育中的要害。德育是教育的根本，但我们往往忽视了，所谓的道德教育从根本上说就是学会如何在一定的情境中处理人与人之间的关系。凡是脱离了特殊情境的说教，对教育而言都是一种巨大的潜在危险。杜威最后的呼吁是有意义的："一切能发展有效地参与社会生活的能力的教育，都是道德的教育。"①

当然，《民主主义与教育》中的教育智慧绝不仅仅只有以上内容，它可以说是博大精深的，每读一遍都有新的收获。杜威并没有具体地教导我们如何教学、如何做老师，但他的理论与观点奠定了现代教育的基调，更是我们当今很多教育改革的先声与基石。一百多年过去了，他在书中的很多批判对于今天的教育现实仍然有意义，这本身就显示了它的生命力，同时也向我们昭示了理论的力量。最后用书中的一段话与诸位读者共勉："教育的改造，要使学生在运用智力进行有目的的活动中进行学习，这样的改造是一件缓慢的工作。它只能一点一滴地完成，一次走一步……这是一种挑战；要勇敢地从事改造工作，并坚持不懈地进行这个工作。"②

佳句赏读

1."生长的首要条件是未成熟状态。"③

2."教师所要做的事，是使每一个学生有机会在有意义的活动中使用他自己的力量。"④

---

① 约翰·杜威：《民主主义与教育（第二版）》，王承绪译，人民教育出版社，2001，第379页。

② 同上书，第151页。

③ 同上书，第49页。

④ 同上书，第188页。

3."学校科目过分复杂,课程和功课过分拥塞,所产生的最永久的恶果……在于不能使学生理解真正认识一件事和真正相信一件事的含义。"[1]

4."学校的任务就是设置一个环境,在这种环境里,游戏和工作的进行,应能促进青年智力和道德的成长。"[2]

5."如果教育没有成功地使诗歌成为生活的一个资源和闲暇生活的手段,这种教育就是有缺陷的。"[3]

---

[1] 约翰·杜威:《民主主义与教育(第二版)》,王承绪译,人民教育出版社,2001,第195页。

[2] 同上书,第213页。

[3] 同上书,第259页。

怀特海和《教育的目的》

作为一名教育工作者，在面对学生的时候，有时难免会想，教育除了提高分数之外还有什么目的？

知识传授是教育的必要内容，但教育又绝不止于此，教育更应该是一种让人变得崇高的过程。那么，教育还应有怎样的精神性价值？

教育有其阶段性和周期性特征，教学过程更是要循序渐进，心理学的研究成果为此奠定了重要基础，但除此以外，是否还有另一种哲学式的描述呢？

....

大约一百年前，一位数学家、哲学家在他论述教育的文字中，为这些问题提供了发人深省的思考。

艾尔弗雷德·诺思·怀特海（1861—1947）出生在英国肯特郡一个教师世家。他的祖父、父亲都做过当地学校的校长和教区的牧师并表现出色，他的叔伯也都从事与教育和宗教有关的事务，并且都热心地参与地方行政管理工作。怀特海从小就浸润在充满着虔诚、学识和公共责任感的家庭环境里。怀特海对自己父亲托马斯·怀特海的描述是"不聪明，但他有个性"，"始终对教育工作抱有极大的热情"，[1]并坦言："往日社会的这幅图景也是我对历史以及教育产生兴趣的一个原因。"[2]他之后的教育观点中并未详细讨论早期教育的重要性，但他自己的经历无疑是最好的注脚。尽管19世纪下半叶，科学教育已经开始受到重视，但怀特海的早年教育依然遵循着传统模式，以学习拉丁文和希腊文为主，以学习古代经典著作为核心。不过他从小就保持着独立思考和判断的习惯，对那些古代的伟大作者们并不都是欣赏，他认为有些著作是"单调乏味"[3]的。

1875年，14岁的怀特海被父亲送到多塞特郡的谢伯恩学校就读。这是英国历史上最古老、最著名的学校之一，建于705年，并于1550年重建，致力于精英式的贵族教育。这里的环境和氛围给怀特海提供了自由接受教育经历，他认为当时的课业负担不重，并且他还得到许可不去学习拉丁文，然后把更多的时间和精力放在自己感兴趣的数学上。当然，除了数学，他的兴趣是广泛的，包括诗歌、历史、板球、足球等。因此，在他后来的教育观点中，似乎都能看到他个人教育经历的影子。

1880年，怀特海进入剑桥大学的三一学院学习数学，从此他在剑桥大学度过了整整30年的人生时光。他在1884年毕业后留校任教，并于次年获得研究生奖学金开始攻读硕士学位。在剑桥大学学习的经历给怀特海的影响是深刻的，他在回顾自己的大学生活时认为剑桥大学的教育是柏拉图式的，校园内每天进行的都是柏拉图式

---

[1] 怀特海:《教育的目的》，徐汝舟译，生活·读书·新知三联书店，2022，第126页。

[2] 同上书，第127页。

[3] 同上书，第130页。

的交流和对话。随着时代的发展，这种大学生活方式已渐渐远去，给怀特海留下的唯有庆幸和怀念，这种经历也为他在自己的教育观中流露出对古典文化的欣赏埋下了种子。作为教师，在剑桥大学的教学经历使怀特海认识到："教育培养人是一个极为复杂的题目，对此我们几乎还没有开始了解。对这个问题只有一点我可以肯定，那就是绝没有普遍适用而简单易行的办法。"[①]虽然收录在《教育的目的》中的文章都是在怀特海离开剑桥大学之后发表的，但是，在剑桥大学的经历为他提供了酝酿教育思想的土壤。

19世纪末20世纪初，整个世界开始动荡不安，近现代科学的发展使人类改变世界的信心逐渐膨胀，国家之间的冲突开始走向剑拔弩张，繁荣的背后开始酝酿着各种危机。这让人们不得不开始思考技术在教育，尤其是在西方传统的自由教育中的作用与地位。1917年，第一次世界大战（后称"一战"）鏖战正酣，各参战国也慢慢耗到了国力极限。怀特海在这一年发表了《技术教育及其与科学和文学的关系》，思考技术教育在这个时代的意义，他谈技术与人文的融合，不仅是重新呼唤教育理想，更是一种拯救人类命运的呐喊。怀特海在自传中简单地提及了一战对他家庭的影响：三个孩子都参加了一战，其中最小的儿子在战场上牺牲，年仅20岁。他对此没有表达任何个人的感情，也没有讨论对战争的看法。但是，他的教育论述基本都是在一战期间和战后几年内发表的，其中所表达的对智慧、精神、理想的追求，就是对人类在战争中表现出的傲慢的最猛烈的抨击。

1910年，怀特海离开剑桥大学来到伦敦，次年进入伦敦大学学院任教。1914年进入隶属于伦敦大学的伦敦帝国理工学院任教。这期间他开始参与大学的行政管理事务。介入高等教育的实践促

[①] 怀特海：《教育的目的》，徐汝舟译，生活·读书·新知三联书店，2022，第132页。

使他开始思考高等教育的问题,他认为这些经历改变了他"对现代工业文明中高等教育的看法"①。怀特海虽然是在剑桥大学接受的西方传统的精英式的古典教育,但他并不希望在现代大学中固守这一模式,他对高等教育中的诸多新发展、新因素都是欢迎的。古代文化是值得学习的,但现代的人们不能总是沉浸过去而不自拔。

1924年,怀特海来到哈佛大学任哲学教授,一直到1937年正式退休,后留居美国,直至1947年去世。他的一生充满着热情和活力,作为数学家和哲学家,本可以远离世事,但他仍然细致而敏感地观察和感受着这个世界。他在美国看到了跟在伦敦大学类似的教育改革问题,他更加坚定地认为,教育的变革"可能是拯救文明的因素之一"②。

《教育的目的》一书是怀特海关于教育的一些演讲稿和论文的合集,其中《教育的目的》发表于1916年,《技术教育及其与科学和文学的关系》发表于1917年,《教育的节奏》发表于1922年,《古典文化在教育中的地位》发表于1923年,《自由与纪律的节奏》发表于1923年。《大学及其作用》这一篇具体发表时间不详,但在文章中怀特海提及他那时已经在哈佛大学执教,且目睹了哈佛商学院的楼宇正在奠基(据哈佛商学院官网介绍,这项工程于1924年正式启动),因此,该文的成文时间约在1924年至1925年间。不同的中译本包括的篇章内容略有出入,但以上六篇都是有的。这六篇也是探讨怀特海教育思想最核心的文本材料。

教育是一门以虔诚为底色的艺术

教育是科学还是艺术?这似乎是一个永无定论但又充满争议的

---

① 怀特海:《教育的目的》,徐汝舟译,生活·读书·新知三联书店,2022,第141页。

② 同上书,第142页。

话题，任何一方都说服不了另外一方。怀特海的态度很坚定："教育是教人们掌握如何运用知识的艺术。这是一种很难传授的艺术。"[1]理由是什么？其实很简单：教育面对的是人脑和生命，不是僵死之物。人脑和生命有何独特之处？它们永远不是消极被动的，它们"处于一种永恒的活动中，精细而敏锐，接受外界的刺激，对刺激做出反应"[2]。在怀特海看来，教育处理的是生命力的问题，教育必须达到一种主体性经验的生成，简言之，应该让学生有所感受，感受知识、感受思想、感受生活，而不是无动于衷、麻木不仁。所以，当他看到，在现实中，教育蜕变成了语言、事实、图表，学习则变成了解题，他对此非常失望，因为脱离了内在，教育就没有意义。基于此，怀特海反对界限明晰的分科教学，反对统一考试。虽然这些反对在现实中很难实现，但是，他确实提醒了我们，教育中或许有更重要的东西被我们忽视了。怀特海在全书中并未围绕"教育目的"进行长篇论述。如果抱着寻找"标准答案"的心情来看这本书，读者肯定会失望的。但是对于教育的本质，他给出了言简意赅的回答，即虔诚，其源于责任感与崇敬感，这种本质是起码的底色，无此则不成教育。正如曾经担任牛津大学副校长的亚历山大·林塞教授在给《教育的目的》英文版所写的序言中所说："他不断追寻的主题就是，教育应该充满生气和活力。"怀特海的教育追求就跟他自己的生活一样。

教育是有节奏的生命跃动

关于教育需要分时期、分阶段、分步骤、分时机、分对象等，怀特海用一个词进行了概括：节奏。他认为当前的教育观念是建立在错误的心理认识基础之上的，因为现有的心理认知没有看到生命

[1] 怀特海:《教育的目的》，徐汝舟译，生活·读书·新知三联书店，2022，第6页。

[2] 同上书，第9页。

的周期性特征。他把人的智力发展看成是浪漫阶段、精确阶段和综合运用阶段的三阶段循环过程，不同的阶段有相应的任务。浪漫阶段是直接接触事实但不求甚解，精确阶段是基于事实做出理解和分析，综合运用阶段是在前两个阶段的基础上进一步地提炼进而达到思想性的目标。这表达的其实是知识获得的过程，它其实与赫尔巴特的统觉理论并无本质的区别。但怀特海提醒我们，教育目的的实现不可能一蹴而就，应该把所有的知识学习放在这种周期性机制中予以呈现。至于不同科目的学习，比如语言、科学，既要在人生发展过程中有一个适当的位置，其本身也有一个学习的阶段顺序。而对于人生的整体教育来说，也是按照这三个阶段进行的。所以，三阶段的演进是在不同的层面交织在一起的"节奏跃动"。在这里，怀特海的观点的意义不在于为我们的教育提供了什么样的阶段分期标准——事实上他也没有这么做，而在于为教育者提供了一种看到教育的态度和思维。其实，在孩子们的每一个生活和学习的角落里，我们都应该看到某种节奏跃动，因为这就是生命的本质特征。

自由与纪律、技术与人文、古典与现代的辩证统一

节奏跃动不仅仅体现在纵向的分期和分阶段方面，还体现在横向的各种辩证统一上。在《教育的目的》一书中，怀特海重点讨论了三组辩证统一关系。

自由和纪律是教育中不可或缺的要素，康德也思考过如何通过强制的规训来实现心灵自由。自由和纪律是不同阶段的重点，浪漫阶段和综合运用阶段应以自由为主，精确阶段应以纪律为主。自由和纪律的本质是为孩子提供一种成长的环境，应适应个体的需要和教育的阶段性特征，任何时候都不可以完全偏重某一方。自由和纪

律应是相辅相成的，两者所构成的节奏为的是精神和个性的伸展。

现代社会的发展对技术提出了更高的要求。怀特海并未批判技术，相反，他认为在一个完整的教育中，"几何与诗歌是和旋转的车床一样重要的"[①]。技术教育和人文教育之间不应该是对立的，时代的发展要求教育也应有相应改变，不应该人为地造成精神和肉体的对立以及思想与行动的对立。知识是为了应用，教育是为了生活。技术和人文都应遵循生命的本能，忽视任何一个都是教育的失败。

在现代生活中，古典的文学、哲学和艺术还有什么价值呢？教育必须协调不同时代之间的关系。"如果不经常目睹伟大崇高，道德教育便无从谈起"[②]，古典文化中有大量的蕴含着伟大与崇高的范例，其本身就是可贵的教育资源。现代是建立在古代的基础之上的，沟通过去和当下本身就是在培养一种面向未来的态度，说到底就是达到认识自己的目的。

激发想象力的教育

如果把人从幼儿到成年看作一个生命周期的话，那么大学阶段的教育就属于教育节奏中的综合运用阶段，自由应是其基调。近代以来，直至当下，很多学者和名人都谈论过大学的理想，但多数都围绕着追求真理、学术研究来展开，而怀特海却提出了自己独特的看法："大学存在的理由是，它使青年和老年人融为一体，对学术进行充满想象力的探索，从而在知识和追求生命的热情之间架起桥梁。大学确实传授知识，但它以充满想象力的方式传授知识。"[③]他对大学的界定似乎与众不同，但确实回归了教育的本质，即人的生命。怀特海的教育观非常具有特色的一点就是，时刻不忘人本身。生命的本质特征是什么？热情与活力。活力的表现方式是什么？想

[①] 怀特海：《教育的目的》，徐汝舟译，生活·读书·新知三联书店，2022，第63页。

[②] 同上书，第99页。

[③] 同上书，第110页。

象力。"一所大学是充满想象力的，否则它便什么也不是。"①他虽然谈论的是大学教育，但是，他的观点也是适用于普遍意义上的教育的。想象力，其本质上指的是人作为一种主体的精神世界。在教育中，获得一种事实性的知识或技能性的经验并不难，真正的难处在于主体性的呈现。怀特海也指出，如果没有一种令人兴奋的精神氛围，知识学习就会成为一种负担。这对当下的减负又何尝不是一种启示？学业负担从来就不是一个数量层面的作业多少问题，而是学生在学习中找不到自己精神的位置。精神的力量需要环境的呵护和孕育："必须能够不受干扰地进行正确的甚至错误的思考。"②按照怀特海的标准，我们的教育改革之路还很长。

怀特海在不长的篇幅中论述了教育中多个方面的根本性问题，为直至今天的教育都提供了不同的思考，对我们思考未来的教育之路仍然具有借鉴意义。作为教师，在品味怀特海的观点的时候应该反思，我们自己在教育中是否秉持他所呼吁的那种态度和思维。怀特海认为，教育的关键在于拥有一支具有想象力的教师队伍，对教师的评价应该是思想方面的贡献。他没有谈论什么方法和技术，依然侧重于热情和活力，他相信人本身才是最重要的。教育或许不是一朵云推动另一朵云，也不是一棵树摇动另一棵树，而是一个生命浸润另一个生命，能够真正地影响生命的唯有生命本身。

佳句赏读

1. "要使知识充满活力，不能使知识僵化，而这是一切教育的核心问题。"③

---

① 怀特海:《教育的目的》，徐汝舟译，生活·读书·新知三联书店，2022，第116页。

② 同上书，第111页。

③ 同上书，第7页。

2."教育便是引导个体去领悟生活的艺术,我所说的生活的艺术,是指人的各种活动的最完美的实现,它表现了充满生命力的个体在面对环境时所具有的潜力。"[1]

3."把技术教育与文科教育对立是错误的。不涉及文科的技术教育不可能完美,不涉及技术的文科教育也不能令人满意。"[2]

4."你必须能够不受干扰地进行正确的甚至错误的思考,能够自由地去鉴别未受各种危险因素干扰的大千世界的方方面面。"[3]

5."想象具有感染力而且能够迅速地蔓延,它不能用尺码或磅秤衡量,然后由教师分配给学生。它只能由那些本身就充满想象地探索学术知识的教师去传播。"[4]

---

[1] 怀特海:《教育的目的》,徐汝舟译,生活·读书·新知三联书店,2022,第55页。

[2] 同上书,第68页。

[3] 同上书,第111页。

[4] 同上书,第116页。

蒙台梭利和《童年的秘密》

儿童是什么？我们该如何认识这个年龄阶段和人类的幼年群体？除了天真、可爱之外，是否还有更多的特征？

儿童教育，其实就是在处理和协调成人与儿童之间的关系，若这种关系不能走向和谐，也就很难说儿童教育是成功的。那么，成人与儿童之间存在着哪些冲突？这些冲突会如何影响儿童教育？成人应该如何自省与调整？

儿童身上隐藏着哪些成长的可能？这些或许就是儿童教育的密码所在。

…………

进入20世纪，西方关于儿童教育的理念有了新的解释，一位原本从事精神病研究的女医生，是如何回答以上问题的呢？她又给我们阐述了关于儿童的哪些秘密呢？

玛利亚·蒙台梭利（1870—1952）是20世纪世界公认的著名女性教育家。她对于中国的教育工作者而言并不算十分陌生，尤其是幼儿园的教师，对她应该是比较熟悉的。在中国以及世界上的很多国家，有一些幼儿园就是以她的名字命名的，如蒙台梭利幼儿园。这类幼儿园的教学方法也往往被称为蒙氏教学法，其教师也必须得到专业且专门的培训并获得蒙台梭利教育资格证书。在这个世界上，以人名命名的学校并不少见，但是，像这样能够形成独一无二的教育体系、以自身的特色享誉世界的并不多见。而这一切都要从1870年出生于意大利的一位小女孩说起。

1870年及其背后的整个时代，对于欧美世界而言，是一个风雨激荡的年代，各国的政治和社会改革风起云涌，几乎都在经历着剧烈的变化，这似乎注定了蒙台梭利将经历不平凡的人生。她的父母在她健康成长的过程中，给了她非常充分和完整的教育，支持她在学业上的发展。要知道，那个时代的女性在政治、受教育等方面都还没有获得与男性一致的平等权利，旧的道德观念依然森严，女权依然在争取过程中。蒙台梭利的整个人生与当时这一历史潮流紧密地联系在了一起。在学习的过程中，她对科学特别是医学研究产生了浓厚的兴趣，这使得蒙台梭利成了意大利早期的女医学生之一。而在医学研究中，她又选择了精神健康作为一生最主要的研究领域。她在学习的同时，也关注着社会的发展，将医学与重大的社会问题结合起来。她越来越发现，要解决一些社会问题就必须先解决健康和卫生问题，这使得蒙台梭利开始关注社会中的边缘和弱势群体。这种工作方式也"为蒙台梭利提供了强大的精神动力，以推翻成人完全主导儿童发展的古老模式，并从理论上提出一种新的教育方式，使成年人服务于儿童的身体健康和精神成长"[1]。

[1] 格拉齐亚·奥涅格·弗雷斯科：《发现儿童的秘密：玛丽亚·蒙台梭利传(第三版)》，孙超群译，华东师范大学出版社，2022，第27页。

1896年大学毕业后，蒙台梭利先是进入了罗马大学的精神病诊所工作，次年进入了精神病医院工作。她开始关注精神问题儿童和智力障碍儿童，发现："在追求成果的观念和体制践踏下，人们普遍对儿童的内在和个体的敏感期缺乏关注。"[1]更加重要的是，蒙台梭利虽然是一名医生，但是，她并没有只是把这些精神问题儿童当作传统意义上的"病人"，而是把他们看作教育的对象。她认为精神问题儿童不同于其他精神病患者，他们主要是由于自身的不充分发展所造成的。由此，蒙台梭利具备了一种教育的眼光，面对这些儿童，她用教育意义上的教学代替了医学意义上的治疗。随后，她加入了全国智力缺陷儿童保护联盟，为这些不幸的孩子奔走呼号，并在联盟创办的国立特殊儿童学校中做了两年教师，"致力于发现每个孩子丰富的自身价值并倾听他们内心隐藏的问题"[2]。她相信，这些缺陷儿童是可以重新接受教育的。

在这个过程中，蒙台梭利也在寻找机会，希望把应用于特殊儿童的教育方法用到正常儿童身上。1907年，罗马的一个贫民区创办了一所学校，后来被命名为"儿童之家"。创办者邀请蒙台梭利加入这项艰难而又崇高的事业中来。蒙台梭利也终于找到了开展系统教育实验的机会，她的教育理论和方法体系由此正式开始生发。在"儿童之家"，蒙台梭利要求教师尊重儿童的个性，不要压抑儿童的天性，关注儿童生命的敏感性并对此进行鼓励，教师要进行认真、系统和个性化的教育观察，尤其注意不要随意打断孩子们正在做的事情。在蒙台梭利所创设的全新的环境中，那些贫穷、自卑、木讷的孩子开始表现出旺盛的生命力。她更是发现，成人与儿童之间可以建立一种更加和谐的新的平等关系。在总结"儿童之家"教育经验的基础上，蒙台梭利于1909年出版了《蒙台梭利方法》，1912年英译本出版，次年，德文、俄文、日文译本也开始出版，同一时

---

[1] 格拉齐亚·奥涅格·弗雷斯科：《发现儿童的秘密：玛丽亚·蒙台梭利传（第三版）》，孙超群译，华东师范大学出版社，2022，第38页。

[2] 同上书，第48页。

间,"儿童之家"式的学校开始在世界各地涌现。在1915年旧金山举办的世界博览会上,甚至专门设置了一间玻璃小屋让参观者观察蒙台梭利的教学方法以及在这种方法教育下儿童的表现。欧洲各国相继成立蒙台梭利学会,1929年,国际蒙台梭利协会成立。从一所贫民区的学校,蒙台梭利走向了世界。

20世纪30年代开始,法西斯主义的阴霾开始笼罩世界。蒙台梭利的教育事业受到很大的冲击,她和她的家人被监视,学校被关闭,书被禁止出版。尽管如此,她从未妥协或屈服过。战争和冲突反而又进一步刺激她思考世界和平问题——滋生暴力的人性在生命的早期必须被教化。教育被蒙台梭利视为通往人类和平的必由之路。后来,她将20世纪30年代的几次主题演讲汇集成册,于1949年以《教育与和平》为名出版。当年,蒙台梭利被提名为诺贝尔和平奖候选人。她的事业已经远远超出了教育本身。

第二次世界大战结束后,年近八旬的蒙台梭利依然热情地继续她的教育事业,包括参加会议、举行演讲、开办课程、从事教育实验等,"她现在仍不懈地向各种听众呼吁解放儿童;现在已经有来自不同国家、信仰不同宗教和抱有不同政治理想的人们聚集在她身边,聆听她的和平讯息"[1],同时,她也收获了世界各地颁发的荣誉。直至生命的最后一年,1951年4月至6月,她还在罗马举办了最后一次全国性课程。蒙台梭利把她的一生都奉献给了儿童教育事业和人类美好的未来。1952年5月6日,蒙台梭利去世,享年82岁,在她的墓碑上刻着意大利语的铭文:"我邀请亲爱的孩子们和我一起,为人类与世界的和平建设而努力。"[2]蒙台梭利的教育理念和实践依然在这个世界上延续着。时至今日,蒙台梭利学校已经遍布世界各地,她的勇气、热情和坚持一直提醒着人们,只要给予儿童足够的信任和空间,儿童的生命就会热烈地生长。

[1] 格拉齐亚·奥涅格·弗雷斯科:《发现儿童的秘密:玛丽亚·蒙台梭利传(第三版)》,孙超群译,华东师范大学出版社,2022,第166页。

[2] 同上书,第169页。

《童年的秘密》是蒙台梭利于1936年出版的详细阐述其儿童观的一本著作，重点对6岁以下儿童的生理和心理特点进行了探讨，并针对性地提出了相应的教育建议。全书分3个部分，共30章（不含导论）。第一部分共17章，阐述了她对儿童的基本看法以及对儿童生理和心理发展的分析；第二部分共7章，在第一部分的基础上阐述了儿童教育的方法和原则，并分析了儿童心理畸变的8种情况；第三部分共6章，讨论了成人与儿童之间的冲突，并对成人提出了一定的建议。

"童年：一个社会问题"

这是《童年的秘密》导论的标题。在很多情况下，提问的方式和角度往往决定了解答的思路和高度。蒙台梭利开门见山地指出，儿童的教育问题就是一个社会问题（其他诸多教育问题又何尝不是如此），必须将其置于一个更加广阔的社会背景和成长历程中进行讨论，且儿童的生理和精神问题也都是由成人世界所造成的。儿童总是受到限制和压抑，不被理解，无法自由，相对于成人，"儿童拥有什么呢？一无所有"[1]。因此，儿童教育不应只在儿童身上下功夫，还应在成人身上下功夫。作为儿童教育者，既要看到儿童与成人之间的冲突，也要看到两者之间的联系，"更确切地说，童年构成了人一生中最重要的一部分"[2]，儿童问题往往是成人所犯下的错误的反映。的确，蒙台梭利在开篇就给我们提供了审视儿童教育问题的一种新视角。

精神的胚胎

儿童虽然是一个生物体，但其精神性层面的存在往往被忽视。蒙台梭利在研究精神病的过程中发现，必须从心理的角度来考察问

---

[1] 格拉齐亚·奥涅格·弗雷斯科：《发现儿童的秘密：玛丽亚·蒙台梭利传（第三版）》，孙超群译，华东师范大学出版社，2022，第19—20页。

[2] 同上书，第22页。

题的根源。成人对待儿童的错误其实在于忽略了儿童心灵的存在：
"成人把儿童看做心灵里什么也没有的某种东西，有待于他们尽力去填塞；把儿童看做孤弱的和无活力的某种东西，为此成人必须为他们做所有的事情；把儿童看做缺乏精神指导的某种东西，需要不断地给予指导。"[①]在这种情况下，成人越积极，做得越多，反而越阻碍儿童的成长。蒙台梭利指出，每个人自出生开始就有创造性的精神，这是一切尊严和个性的来源。她认为："儿童的精神生命是独立于、优先于和激发所有外部活动的。"[②]儿童教育者必须把儿童看作是一个精神的胚胎，只有看到其精神性，才会承认儿童身上神秘的和巨大的力量。早期的精神性的发展是创造性的释放，更是个性和尊严形成的基础，也是教育的前提。

敏感期与内部秩序

作为一种精神性的存在，儿童的内心世界需要得到特殊的对待，这是蒙台梭利儿童教育观的基调。也正因为此，她提出需要注意儿童的心理敏感期。敏感期意味着本能、潜力、生长力与可能性，是进入儿童心灵世界的桥梁。这种敏感期包括了很多方面，诸如秩序的敏感期、细节的敏感期、行走的敏感期、手的敏感期、语言的敏感期等。每一种敏感期其实都是某种隐藏力量的发展与释放，成人应顺势而为，而不是刻意压制。在诸多方面的敏感中，秩序尤为重要，甚至可以说，其他方面的敏感也是秩序的一种体现。"秩序是生命的一种需要"[③]，但是，儿童有自身对秩序的感受，与成人所感受的秩序并不相同。秩序是儿童心灵内部的一种感觉，并引导儿童在内在与外部环境之间发生感知与互动。换句话说，最初对秩序的感受正是个体自我意识萌发的开始，这是人的成长的动力和能量之源。从这个意义上讲，儿童期的各种教育问题，其本质也

---

① 玛丽亚·蒙台梭利：《童年的秘密（第二版）》，马荣根译，人民教育出版社，2005，第31页。

② 同上书，第46页。

③ 同上书，第64页。

在于儿童内心世界和内部秩序的某种失调。对儿童内在的敏感性的高度重视，是蒙台梭利教育理念最为突出的方面之一，明显区别于其他教育理论体系。这为我们重新认识儿童提供了不同的视角。不过，内在的心灵相对于外部的表现，则是一个更加深奥难解的谜和值得深入探究的秘密。

方法与障碍

儿童教育的开展，必须建立在对儿童精神生命的基本认知的基础之上，儿童的秘密也必须经由其精神生命的展开而得以揭示。因此，在蒙台梭利的教育方法中，最重要的是发现和解放儿童、尊重儿童的人格、强调外部环境的协调。其实，蒙台梭利自己说得也很清楚："我们并没有看到方法，而看到的只是一个儿童。"[①]眼里没有儿童，再多的方法也是徒劳的。她总结了在"儿童之家"工作的经验，并为她的观点提供佐证，这也让我们在一位教育工作者身上看到了理论与实践的相互滋养。蒙台梭利所说的方法，根本上而言，就是为儿童创造一种自由的、适宜的、无障碍的环境。方法，与其说是一种操作，不如说是一种态度。如果儿童遇上了一个不相容的环境，那么儿童心理就容易出现问题，蒙台梭利称其为心理的"畸变"，主要有八种情况：心灵的神游、心理障碍、依附、占有欲、权力欲、自卑感、恐惧、说谎。这些既是儿童心理失调的表现，也是一种防御机制。成人不应孤立地看待这些问题，必须将它们置于儿童的整个生活和发展环境中才能寻找到可行的解决方案。

"儿童是成人之父"

在全书各处，蒙台梭利反复谈到成人与儿童之间的关系，并不

[①] 玛丽亚·蒙台梭利：《童年的秘密（第二版）》，马荣根译，人民教育出版社，2005，第139页。

断重申儿童教育所遇到的问题多是因为成人没有正视并很好地处理这一关系:"由于成人没有意识到儿童身体活动的重要性,他们就在这方面设置障碍,这成了儿童失调的原因。"[1]成人是儿童的延续,儿童是成人的基础,这两个人生阶段乃是辩证统一地联系在一起的,只有认识到这一点,才能实现真正的儿童教育。因此,蒙台梭利呼吁道:"儿童是成人之父。"[2]如果不能充分认识到这一点,成人与儿童就会处于无法平静的冲突与矛盾之中,成人越是热爱儿童,越会造成儿童内在的悲哀。而这也正是蒙台梭利所说的"秘密"之所在。由此来看,处理儿童教育问题的实质就是成人如何正确认识自己:"我们观察儿童的方式是极端重要的。仅仅只有教育理论知识是不够的……只有先清除你自己眼中的沙粒,你才能清楚地知道如何消除儿童眼中的尘埃。"[3]

美国国际蒙台梭利协会教育委员会主席玛格丽特·E.斯蒂芬森在给《童年的秘密》所写的序中就指出,蒙台梭利是在"为生命而工作"[4],这应该是对蒙台梭利一生事业最凝练的概括。教育之所以崇高,是因为其面对的都是鲜活的生命;教育之所以复杂,是因为其面对的都是丰富的生命;教育之所以迷人,是因为其面对的都是活泼的生命。如果说,教育是生命推动生命,那么作为教育者,眼中就必须要有生命。我们必须相信,唯有生命才能推动生命。作为教师,我们必须先从儿童的精神中接受指导和教育,做好我们自己的精神准备。虽然她已经去世了,但她所揭示的秘密以及提出的解密方案,依然影响着今天的教育理论和实践。在蒙台梭利这里,儿童的秘密并不意味着教育的难题,而是获得了更大的积极意义,时刻鼓舞着我们:"儿童是神秘的和强有力的,他内藏着人性的秘密。"[5]

---

[1] 玛丽亚·蒙台梭利:《童年的秘密(第二版)》,马荣根译,人民教育出版社,2005,第107页。

[2] 同上书,第49、190页。

[3] 同上书,第151页。

[4] 同上书,第11页。

[5] 同上书,第203页。

佳句赏读

1. "人们所面临的最大问题之一,就是他们并没有认识到这个事实,即儿童拥有一种积极的精神生活,虽然当时儿童并不能把它表现出来,而且儿童必须经过一个漫长的时期才能秘密地完善这种精神生活。"[1]

2. "如果一个成人要找到这些谜底,他必须对儿童采取一种新的态度,增强对他的责任感。他必须成为一个研究者,而不是一个迟钝的管理者或专制的评判员,在与儿童的关系上成人以管理者或评判员身份出现的情况实在是太多了。"[2]

3. "如果儿童要发展他的个性,成人必须控制自己,领会儿童的表示。而且,成人应该把这当做一种特殊的事,使自己能理解和追随儿童。"[3]

4. "心灵需要不断地用诸如冉冉升起的太阳,或艺术作品的令人欣喜的场景,或悦耳的嗓音和乐器的音响等自然美的情景来滋养。欣赏这些各种各样的感官印象,并对它们作出判断的是作为个体的人。"[4]

5. "教育和生活本身的基本目的就是,一个有理性的人应该如此掌握他的运动工具,使得他的活动不仅仅受感官刺激的本能反应所支配,而且也受理性本身的支配。如果一个人不能达到这个目的,他就不能获得理性动物可望达到的那种人格的统一。"[5]

---

[1] 玛丽亚·蒙台梭利:《童年的秘密(第二版)》,马荣根译,人民教育出版社,2005,第47页。

[2] 同上书,第78页。

[3] 同上书,第84页。

[4] 同上书,第108页。

[5] 同上书,第109页。

罗素和《论教育》

哲学家思考教育问题,并不都像康德那样深邃和抽象,且有着浓厚的哲学味道,罗素对教育的论述就相对亲近点,而且他也有着较为丰富的教育观察经历。

罗素是如何将教育与社会改造的理想结合起来的呢?教育目的是如何做出相应调整的呢?

说教式的道德教育为何是无用的?真正的道德教育应遵循的最重要的原则是什么?

在知识学习中,如何让教育成为一种幸福而不是苦恼?

....

这些或许也是我们经常在教学工作实践中遇到和思考的问题,罗素都给出了他自己的看法,未必可以直接照搬,但肯定能带来某些启发。

伯特兰·罗素（1872—1970）是20世纪著名的哲学家、数学家、逻辑学家、历史学家、文学家、社会活动家，曾于1950年获诺贝尔文学奖，他涉猎广泛，在多个领域都颇有建树，一生著作等身，可以说是一位当代亚里士多德式的思想家。罗素出生于英国蒙茅斯郡的一个贵族世家，但是父母早亡，由祖母抚养成人，用他自己的话说："我对我母亲简直可以说毫无记忆……关于我的父亲，我只记得两件事。"[1]19世纪末20世纪初，世界处于剧烈的变化甚至动荡之中，"一个广阔的世界已经准备好接纳他"[2]，但是，在罗素真正走进世界之前，他在祖母的庄园里度过了人生初期的10多年时光。他的祖母笃行新教，有着严格朴素的宗教情感，这确实给予了罗素一些重要的道德熏陶，不过也让他感到难受和不适。特别是缺少同伴的生活让罗素感到孤独和压抑："在我童年的大部分时候，每天最主要的时刻都是我独自在花园中度过的。我的生存的最鲜明的一部分是孤独。"[3]早年的经历往往奠定一个人一生的底色，对当事人的影响是深远的。罗素后来在论述他的教育观的时候，就结合他自己的这段经历反思道："我自己也是单独教育的产物，这种教育直到16岁才终结。我所接受的教育虽然不如穆勒的严格，但也过于缺少一般年轻人的乐趣。我年轻时也有过自杀的倾向，和穆勒所描绘的差不多……当我开始和同龄人交往时，我才知道自己是个尖酸刻薄、自命不凡的人。"[4]这样也就能更好地理解他为何那样强调同伴在教育中的重要作用了。

罗素在约4.5万平方米的庄园里平淡地生活了14年，他的早年教育主要通过家庭教师获得，悠久的家族历史和上流的生活方式也给予他必要的熏陶，但是，内心的抑郁和孤寂使得他开始从知识特别是哲学和数学中寻找依托："缺乏感情的寄托，驱使年轻的罗素

[1] 伯特兰·罗素：《罗素自传（第一卷）》，胡作玄、赵慧琪译，商务印书馆，2002，第7页。

[2] 罗纳德·W.克拉克：《西方文化巨匠罗素传》，天津编译中心译组译，世界知识出版社，1998，第7—8页。

[3] 伯特兰·罗素：《罗素自传（第一卷）》，胡作玄、赵慧琪译，商务印书馆，2002，第25页。

[4] 罗素：《罗素论教育》，杨汉麟译，人民教育出版社，2009，第124页。

努力寻求知识的归宿,在不确定的世界里探求必然。"①罗素日后表达对教育的看法时,对内心世界特别关注,强调感性的情感,这跟他的早年经历有一定的联系。

1890年10月,罗素进入剑桥大学三一学院就读,从那时候开始,他的兴趣就聚焦于数学和哲学。在接下来将近20年的时间里,罗素都将剑桥大学看作是家一般的存在。大学的学习和生活经历对罗素的影响非常大。确实,"罗素在剑桥大学所建立的友谊,大都持续到他生命的最后时刻"②,他自己也在自传中坦承:"剑桥对我的一生十分重要,它使我结识许多朋友,给我思想交流的经验,而其真正的学院教育对我毫不重要。"③罗素对他母校的这句评价其实要引起我们的反思,教育的价值到底在于传授知识还是提供经验?

第一次世界大战改变了很多国家和个人的命运,罗素也开始从哲学的角度思考社会变革的问题,同时关注到教育并将其作为社会变革的路径。1916年,他出版了演讲集《社会改造原理》,该书的出版目的就是反对战争、呼吁和平。从这里开始,罗素就系统性地关注教育问题,因为教育决定了下一代人的价值观,而选择战争还是和平是由人们的价值观决定的。罗素对当时资本主义国家"把教育当作一种锻炼的方式,当作一种通过奴化来达到的手段"④的教育制度进行了激烈的批判。他希望:"教育的目的不应该在于被动地注意死的事实,而应该注重于一种活动,以我们的努力所要创造出来的世界为方向。"⑤罗素从人类社会这一更大的角度为教育寻找基本的方向和定位,这也为他后来对教育的系统性论述做了铺垫,我们甚至可以把《罗素论教育》看作是《社会改造原理》中"教育"一章的延伸与深化。

1921年,罗素的长子出生,两年后,又有了一个女儿,两个孩

① 罗纳德·W.克拉克:《西方文化巨匠罗素传》,天津编译中心组译,世界知识出版社,1998,第17页。

② 同上书,第29页。

③ 伯特兰·罗素:《罗素自传(第一卷)》,胡作玄、赵慧琪译,商务印书馆,2002,第87页。

④ 伯特兰·罗素:《社会改造原理》,张师竹译,上海人民出版社,2001,第99页。

⑤ 同上书,第108页。

子的降临再次激发了他对教育的热情。罗素肯定不愿意让孩子们重复他早年那些痛苦的经历，他成了一位慈爱的父亲，尽量给予孩子们充分陪伴，给他们讲故事，陪他们做游戏，而罗素既从中获得了无法从记忆中抹去的快乐，也获得了关于教育的新启发。因此，罗素关于教育的系统论述并不是纯粹的理论或天马行空的畅想，而是有着鲜活的基础，更透露着一位父亲对孩子的爱。1926年，罗素的教育专论在英国和美国出版，两个版本的书名不同，分别是《论教育：特别是早期教育》和《教育与美好生活》。早在1931年，这一教育专论就被译为中文出版。

《罗素论教育》一书自出版以来在世界范围内广受欢迎，其内容分3编共19章。上编两章主要阐明教育的理想、原理和目的，中编11章主要阐述品性教育即道德教育中的诸多议题，下编6章主要聚焦于智育即知识学习。当然，他也注意到健康问题的重要性："在本书中，特别予以关注的是品性，然而健康也需要同样的训练。"[1]因此，罗素的教育论述框架依然是德智体三育模式。行文之间，罗素既有尖锐的批判也有改革的建议，特别值得我们注意的是，他在书中多处提到蒙台梭利，并对蒙台梭利的教育理念和方法较为推崇。当时英国的另一位著名教育家A.S.尼尔在第一时间拜读了《罗素论教育》后致信罗素："这是我读过而未加以咒骂的唯一一本论教育的书。所有其他论教育的书都是在谈教育的掩饰下进行的道德说教。"[2]该书出版后的第二年，罗素夫妇为了能够以自己的理念教育两个孩子，开办了自己的学校——比肯山学校，开展自己的教育实验，同时也是为了验证《罗素论教育》中的诸多理念是否切实可行。该学校一直延续到1943年，是20世纪前半期欧洲著名的教育实验学校之一。因此，《罗素论教育》也是历史上为数不多

---

[1] 罗素：《罗素论教育》，杨汉麟译，人民教育出版社，2009，第59页。

[2] 伯特兰·罗素：《罗素自传（第二卷）》，陈启伟译，商务印书馆，2003，第280页。

的得到作者亲自验证的教育论著,罗素后来在自传中回忆道:"此书是有点过分乐观主义的,至于它的价值,我觉得没有什么要否弃的。"①以下就通过几个方面的论述来领略罗素的教育智慧。

教育是开启新世界之门的钥匙

罗素开篇就指出,教育虽然是父母个人的事务,但亦关乎未来和社会整体,如果不解决整体问题,个人的事务也必然无法得到根本解决,因此就必须将教育置于更加广泛的社会和哲学领域进行考量。正如当下的教育问题,我们也应该放在更大的社会背景下来考察,否则,既看不到问题的实质,也无法找到真正的解决之策。罗素认为:"我们希望自己的孩子所接受的教育,必定依赖于我们关于人类性格的理想以及对他们将在社会中所扮演的角色的期望。"②教育理念上的诸多分歧由不同的理想和期望而来。这其实也提醒今天的我们,任何教育制度、教学方法乃至细微的教学安排,都依赖于背后的某种社会制度和价值观念的支撑,当我们试图不顾这种根本的差异而嫁接一种外来的理念和实践时,就会出现各种不适和歪曲,这种情况在今天其实并不少见。在社会理想之下,教育的目的到底是外在的实用价值还是内在的精神价值,这在历史上有着不同的争论。罗素也看到了这个问题并没有一个非此即彼的答案,在教育中,除了爱之外,还需对人本身有着正确的观念,其中最重要的一点即在于,每个人都是不同的。他只把活力、勇敢、敏感和智慧这四个方面作为一个人理想品格的框架,但每个人在各方面所应达到的程度并没有统一的标准。其实,罗素所谈之教育目的,都是在指明教育的未来属性,教育在本质上就是一件寄希望于未来的事务。

① 伯特兰·罗素:《罗素自传(第二卷)》,陈启伟译,商务印书馆,2003,第226页。

② 罗素:《罗素论教育》,杨汉麟译,人民教育出版社,2009,第2页。

以诚实养成道德

道德教育是教育中最重要和最根本的任务,同时也是最难把握和最难达成的,其效果不论好坏都很难通过显性的指标来衡量。有时候教师做得越多,效果却未必就越好。这与教育中的其他环节很不一样。可是,德育比智育更加关乎一个人的真正成长,很大程度上也决定了教育的成败。罗素认为:"培养诚实的习惯应成为道德教育的主要目的之一。"[1]他所指的诚实有着更丰富的内涵:不仅是言行的诚实,还有思想上的诚实;不仅要求孩子诚实,还要求父母和教师诚实。如果教育者自己做不到言行一致,一边教训孩子不要说谎,一边自己又说谎,这本身就是对道德教育最大的伤害。同时,教育者要敢于把自己的不完美呈现给孩子,不要试图以绝对完美和正确的形象呈现自己,罗素告诫道:"永远不要装作一贯完美无瑕和超乎常人;孩子不会相信你,即使相信,也不会更多地喜欢你。"[2]教师的诚实,可以换来学生的信任。道德教育往往最能体现教育中人的属性,它永远无法以一个机械性的程序来实现,只能通过人去影响人。

尽管如此,我们还是会困惑,在一个风气并不诚实甚至是伪善的社会中,还应以诚实教导诚实吗?罗素的回答依然是肯定的。这就引申出罗素关于德育的另一个重要观点,即德育应该是在真实情境中进行的,而不是处于一种假想的美好情境之中。"所有的道德教育都必须是直接的及具体的,即须从自然生长的情境中发展起来,并且不可超越在这个特殊场合所应做之事。"[3]教师在从事道德教育的过程中,也应该秉持这样的理念,即道德是具体的而不是抽象的,脱离了真实情境的道理只会变成一种教条,罗素甚至批评道:"对儿童进行抽象的道德教育是愚蠢的。"[4]因此,对历史和现

---

[1] 罗素:《罗素论教育》,杨汉麟译,人民教育出版社,2009,第105页。

[2] 同上书,第107—108页。

[3] 同上书,第118页。

[4] 同上书,第122页。

实中的丑陋和罪恶，我们也应该有责任和义务让孩子知晓，而不应以虚假的美好代替，这样才会让孩子养成一种真正健全的道德感。

游戏和幻想的重要性

曾在网上看到一句话："小时候真好，可以拥有无穷无尽的发呆时光。"网友们对此深以为然。作为父母或者教育工作者，我们应该站在孩子或学生的角度去考虑，对他们来说，什么东西对成长来说才是最重要的。在这个时代，我们太过于强调争分夺秒，却忽视了有时候对时间的"浪费"也会产生一种积极意义。罗素注意到了这个问题，他认为，孩子们的"游戏不是在虚度光阴"，"扼杀童年期的幻想就是使儿童成为现状的奴隶，成为拴在地上的生灵，从而不能指望他们去创造天堂"。[1]游戏中的乐趣往往都要通过想象来实现，想象是无穷的，乐趣亦是无穷的。而想象多是对现实的模拟，因此这也是孩子通过参与现实而成长的一种方式，其重要性并不比传授知识低。不过，游戏中的想象或者对现实的模拟，也是多方面的，用罗素的话说就是既有破坏的一面，也有建设的一面。有时候就需要经由破坏而走向建设，这依然是道德养成的一种方式，罗素提醒道："如果教育只是以避免错误为主要目的，它就只会制造智力上的冷血类动物……凡智力正常的人都应当被鼓励去运用其想象力，考虑如何以更富有建设性的方式来利用现有的社会力量或创造新的社会力量。"[2]想象是主体性的一种体现，几乎无法被强制实现，教育中未必做得越多就是越好，教育也有可能发生在无声处。

智育中的主体性

罗素认为德育主要在6岁之前进行并基本完成，而后就要开始

[1] 罗素：《罗素论教育》，杨汉麟译，人民教育出版社，2009，第85页。

[2] 同上书，第94页。

知识学习了。不过在知识学习中,他依然强调以智力的美德为基础,因为这是成功获得知识的关键,主要有"好奇心、虚心、求知虽难毕竟也行的信念、耐心、勤勉、专心以及精确性"[①]。这其实与我们现实中的教学有不谋而合之处,学生成绩的高低往往与学习习惯有着重要关联,我们口中的"习惯"也就是罗素所说的"智力美德"。除此以外,罗素强调了知识学习中应注重的三个方面:应具有知识上的冒险意识,应知晓求知没有捷径,应培养科学的精神。在罗素看来,在知识学习中,最为重要的仍然是精神层面的主动、独立和对求知的渴望,换句话说,就是要让学生作为一个人而不是机器来学习知识。罗素提醒道:"在一切可能的情况下,要让学生主动,而不是被动。这是使教育成为一种幸福,而不是一种苦恼的秘诀之一。"[②]

罗素所经历的世界剧变告诉他,虚假宣传和轻信盲从会给人类带来灾难,为了防止灾难重演,只有依靠每一个学会思考的人。他的教育目的指向世界公民,而不是为某一个国家培养人,他的教育胸怀和期望是很宏大的。他一再指明,教育的最终目的不是某种技能,而是个体的幸福与自由。这些表述虽然显得过于理想与乐观,但也确实指出了我们今天工业化模式下的教育所缺失的人性内核。罗素虽然没有在师生关系上着墨太多,但也指出,教师应该是学生的同盟而不是敌人,人的成长也应该在充满人性的关系中实现。教育究竟是科学还是艺术,似乎没有终极的答案,但毫无疑问的是,教育应在两者之间取得某种平衡,就像罗素所告诫的:"缺乏科学,爱是软弱无力的;缺乏爱,科学便是充满破坏性的。"[③]

[①] 罗素:《罗素论教育》,杨汉麟译,人民教育出版社,2009,第163页。

[②] 同上书,第172页。

[③] 同上书,第156页。

> 佳句赏读

1. "即使是对待最小的婴儿,也要像对待将在世上占有一席之地的一个人那样予以尊重。切勿因为图你眼前的便利或养育孩子的乐趣而牺牲其未来。"①

2. "如果教育只是以避免错误为主要目的,它就只会制造智力上的冷血类动物。"②

3. "如果对儿童始终以诚相待,获得的回报是儿童增强对你的信赖。"③

4. "切勿将事物道德化,而是要让事实在孩子的心灵上产生其自身蕴含的道德。"④

5. "教育的动力应是学生的求知欲,而不是教师的威严。"⑤

---

① 罗素:《罗素论教育》,杨汉麟译,人民教育出版社,2009,第65页。

② 同上书,第94页。

③ 同上书,第110页。

④ 同上书,第138页。

⑤ 同上书,第167页。

泰勒和《课程与教学的基本原理》

在实际教学中如何设定我们的教育目标？

教学活动应该达成何种目标？

教师应该怎么做才能达成这些教育目标？

如何确定我们的教学最终是否达成了既定的教育目标呢？

……

简单地说，就是教什么、如何教、怎么学、教与学的效果如何以及背后更加深层次的问题，即教学到底为了什么。早在二十世纪三四十年代，有一位美国的课程专家就对此进行了深入和系统的探讨，并对今日的课程教学产生了深远的影响，在他的书中，我们或许可以找到一些答案。

这位课程专家就是拉尔夫·泰勒（1902—1994），他对现当代的课程理论与实践影响深远，被后人称为"现代课程理论之父""当代教育评价之父"。他的代表作《课程与教学的基本原理》更被认为是"传统课程论圣经""现代课程研究的范式""西方现代课程理论的基石"。泰勒的人生几乎跨越了整个20世纪，他的经历和思想也深深地刻上了时代的烙印。1902年4月22日，泰勒出生于芝加哥的一个殷实且有着浓厚宗教情感的家庭。他的外祖父曾参加过南北战争，后来经由格兰特总统的任命而成为华盛顿的一位法官，他的父亲是一位医生。他本可以过着非常优渥的生活，但泰勒的父母觉得，医生职业太过于有利可图以至于不符合他们的宗教信念，他的父亲就转而成为一名公理会牧师。他也随之过上了普通人的生活，尽管如此，泰勒还是接受了系统的学校教育。泰勒随父母在内布拉斯加州度过了人生的早年时光。1921年，年仅19岁的他就从该州一所知名的文理学院多恩学院毕业，他本来也想成为一名牧师去从事传教事业，后因为没有传教方面的经验而作罢。而后，泰勒便与教育结下了不解之缘。

泰勒毕业后的第一份工作是在南达科他州一所高中担任科学老师，一年后前往内布拉斯加大学继续深造，开始关注高中科学的测验问题，并于1923年获硕士学位，后又前往芝加哥大学继续学习并于1927年获得博士学位，其毕业论文题目是《利用个人判断进行师范课程评价活动的统计方法》。很显然，泰勒在其研究生期间，就已经开始对课程的评价和测试产生兴趣并开展了初步的研究，这为他后来的工作奠定了重要的基础。随后，他开始了作为一名教育学者的职业生涯。

泰勒从芝加哥大学毕业后，先后在北卡罗来纳大学、俄亥俄州立大学任教直至1938年加盟芝加哥大学。这近10年间，泰勒开始深入地参与课程研发与评价的实践中，而不仅仅停留在理论层面。而这一时期，当时的美国和美国教育都在经历着时代的阵痛与蜕变。自19世纪末20世纪初开始的进步主义教育运动已经在美国轰轰烈烈地进行了30余年，各种教育实验、教育理论层出不穷、互相争艳，"反对传统的以教师中心、以学科中心的课程，主张以儿童为中心的课程"[①]，试图为美国教育寻找一个理想的方向，更希望以教育作为实现社会变革与改进的路径。但是，1929年开始的世界性经济大危机几乎宣布了所有美好的教育理想的幻灭，也让人们感受到了以教育改造社会的无力。原来的进步主义教育理想受到了严重冲击。大萧条让人们开始反思，进步主义教育在强调儿童中心、儿童兴趣的道路上是不是走得太远了，基本知识和基本技能在教育中的意义是否被过分低估和忽略了，以及学校教育是否应该更加直接地关注和参与到社会变革中来。正是在这样的背景下，进步主义教育协会于1933年至1941年间开展了一项包括30所高中和200多所学院和大学的庞大的研究计划，即"八年研究"，以验证进步主义教育的理念和方法对美国高中生升入大学是否有积极的效果，而主持这项研究的正是泰勒。

"八年研究"主要围绕高中课程的改革和修订来展开，其结果表明，参与实验的高中生在个人成绩和参与课外活动方面都有着明显的正面效果，从一定程度上为进步主义教育的理念提供了支撑，但是，待实验结果出来后，世界局势发生剧烈变化，美国很快全面参与第二次世界大战，这场实验并未对美国教育产生实质性的深远影响，倒是为该项目负责人泰勒发展自己的课程理论奠定了基础。泰勒自己也承认，"八年研究"对他自己的教育思想的形成产生了重要的影响，甚至，"《课程与教学的基本原理》最初是诞生在'八年研

[①] L.迪安·韦布：《美国教育史：一场伟大的美国试验》，陈露茜、李朝阳译，安徽教育出版社，2010，第274页。

究'会议期间一次午餐的餐巾纸上的"[1]，在学生和助手的鼓励下，泰勒根据提纲整理成书，先是作为讲授纲要使用，后于1949年正式出版。

"八年研究"期间，1938年，泰勒来到芝加哥大学任教，历任教育系系主任、社会科学学院院长。1953年，泰勒又来到斯坦福大学创建了行为科学高级研究中心，他亲自担任中心主任直至1967年退休。泰勒不是一个书斋式学者，他的课程理论是从实践中来也是到实践中去的，他更是直接参与政治事务，在杜鲁门、艾森豪威尔和约翰逊执政期间，泰勒作为政府顾问切实推进了一些教育改革政策和法案的施行。退休之后，泰勒在多个学术团体、社会组织、政府咨询部门任职，他从未停止对教育的关注和研究，正如他的人生哲学所言："一个人的美好生活，就是不断地试图使自己变得更富有人情味、更善于学习、更有助于他人，以及与别人一起形成一种尊重每个人的潜力、不贪图他人为自己服务的社会。"[2]

泰勒一生著述颇丰，多达700多篇（部），其中，《课程与教学的基本原理》最为知名，影响也最大，自初版以来已经重印30多次，并被译成多种文字，已成为现代课程理论领域的必读书。该书篇幅并不长，不是纯粹的理论，正如泰勒在导言中所说："这本小书试图阐明一种基本原理，用于观察、分析、诠释教育机构的课程及教学计划……本书阐述了一种思路，即将教学计划视为教育的有效手段之一。"[3]泰勒希望搭建一座理论和实践之间的桥梁，他所思考的是如何让课程真正成为教育的有效路径，因此，泰勒在书中主要围绕着四个核心问题展开："1.学校应力求达到何种教育目标？2.要为学生提供怎样的教育经验才能达到这些教育目标？3.如何有效地组织这些教育经验？4.我们如何才能确定这些教育目标正在得以实现？"[4]简言之，这四个问题实际上构成了课程编制的四个基本环节：

[1] 瞿葆奎编著《教育学的探究》，人民教育出版社，2004，第233页。

[2] 冯克诚主编《当代课程改革理论与论著选读》，人民武警出版社，2010，第56页。

[3] 拉尔夫·泰勒：《课程与教学的基本原理》，罗康、张阅译，中国轻工业出版社，2016，第1页。

[4] 同上。

确定目标、选择经验、组织经验、评价结果。下面就看看泰勒在每一个环节上的主要观点。

确定目标

很显然，做任何一件事情都应该有明确的目标，课程教学也不例外，这也是泰勒首先要处理的问题，"提出和阐述目标……是引导课程编制者其他所有活动最关键的标准"[1]，这部分的阐述在全书中占据了将近一半的篇幅。目标虽重要，但不是教学者随意设定的，也不是单方面设定的，"本书的观点是，任何单一的信息来源，都不足以提供能让学校为教育目标做出全面且理智的决定的基础"[2]，因此，泰勒为教育目标的设定寻找了五个方面的来源：对学习者本身的研究、对当代校外生活的研究、学科专家的建议、学校的教育哲学、学习心理学的相关知识。学生的实际需要是最重要的，这可以通过观察、访谈、问卷等形式了解和获得，但是，泰勒提醒我们，"单靠收集有关学生的资料并不能自动地确定教育目标"[3]，需要教育者从学生资料中分析出适合学生当前、适合通过教育来满足的需要。同时，随着社会生活的发展，对学生的了解需要关注他们广泛而复杂的社会生活，而不能仅仅停留在学校和家庭生活层面。学科专家的意见虽然比较理论化，也不会直接指明教育目标是什么，但是理论往往可以给我们明确方向，正如具体某一所学校所相信的教育哲学一样，对我们选择何种目标有着深刻的影响。所有这些因素最终还是要再次回到学习者身上，要符合学习者的学习规律，教学者应该对心理学有一定的了解，正如一位当代著名的认知心理学家所提醒的那样："教育是建立在学生心智变化的基础上的，所以理解学生的认知能力肯定会使教学变得更容易或更有效。"[4]泰勒虽然提

[1] 拉尔夫·泰勒：《课程与教学的基本原理》，罗康、张阅译，中国轻工业出版社，2016，第63页。

[2] 同上书，第5页。

[3] 同上书，第14—15页。

[4] 丹尼尔·T.威林厄姆：《为什么学生不喜欢上学？：认知心理学家解开大脑学习的运作结构，如何更有效地学习与思考》，肖芬译，中国青年出版社，2023，第15页。

供了在设定教育目标时应该考虑的五大因素，但我们教学者应该知道，没有现成的教育目标，也没有固定的模式参考，需要我们自己在综合各方的基础上进行再加工。

选择经验

在确定目标之后，就要围绕目标选择相应的学习经验，为目标的实现提供基础："从本质上说……学习是学习者通过对身处环境所产生的反应而发生的。因此，教育的方式就是学习者拥有的教育经验。"[1]所谓的学习经验，就是学习者与所处周围环境各种因素的互动，学习者不是孤立的，也不是被动的，而是环境和生活的积极参与者。因此，教师就需要在充分了解学生的基础上，构建适当的教育情境，以利于学习的发生与进行，从某种程度上甚至可以说，选择了何种学习经验就决定了可以实现哪些教育目标。泰勒提出了选择学习经验的几个原则：学习经验应该给学生提供实践和解决问题的机会，而不是空谈；学习经验应使学生在学习中获得满足感；学习经验应符合学生当前的心理发展水平；实现某一个教育目标的学习经验应该是多样化的，学习经验所产生的结果也应是多样化的。按照教育目标的不同，学习经验分为增进知识、训练思维、养成态度、培养兴趣四个方面。在此，我们会发现，当下我们所实行的教育目标分类，有着泰勒思想的影子。当然，这些都是选择的思路，并非现成的答案，泰勒告诉我们的是，我们教师应该以怎样的思路和逻辑来考虑自己的课程设计，"设计学习经验的过程，不是用一种机械的方法为每一项特定目标选择明确规定的学习经验。相反，这一过程是一个有更多创造性的过程"[2]。每一位读者应该谨记泰勒的告诫，推荐《课程与教学的基本原理》其实是在推荐一种思维方式，而非某种标准答案。

[1] 拉尔夫·泰勒：《课程与教学的基本原理》，罗康、张阅译，中国轻工业出版社，2016，第65页。

[2] 同上书，第84页。

组织经验

零散无序的经验不会发挥真正的教育效果，因此必须对经验进行有针对性的重组。泰勒指出，有效地组织学习经验需要遵守三大基本标准：连续性、顺序性和整合性。其实，这三个标准也与学习规律相契合。这更进一步说明了，教要根据学来安排，因此，最重要的组织原则就是依据学生的学习心理。具体的组织结构又可分为宏观、中观和微观三个层次，而最低层次的组织结构就是"单元"。"单元教学"体现出来的就是教师根据学生的情况所进行的一种学习经验的组织与重构，以期达到更好的教学效果。如前所述，教师此时就要考虑各种因素和原则。泰勒在这里特别提到的一点是学生参与设计，"其价值很大程度上在于使学生对其学习经验获得更深的理解和更大的意义，同样也使他们更有可能得到良好的激励"[1]。此外，从泰勒提供的建议还可以看出，课程教学的设计与规划，不仅是一个预先的工作，同时还应体现在教学的过程中，它既不是一蹴而就的也不是既定不变的。

评价结果

如何评估学习结果和教学效果始终是教育中的一个难题。当然，这也确实是一个现实需要，因为教学者必须知道自己的教学效果如何。评估是为了促进和改进，绝不是为了批评和责备，因此，"评估的过程，从本质上讲，就是判断课程和教学计划在多大程度上实现了教育目标的过程"[2]，这是泰勒建议我们对评估所应该秉持的基本理念。评估还应该将教学前后的学生状态加以对比，因此评估结果是展现学生的变化，是一个以学生为核心的相对值，真正的评估"应该是一个分析性的过程，而不是一个单一的分数总结"[3]。评估

---

[1] 拉尔夫·泰勒：《课程与教学的基本原理》，罗康、张阅译，中国轻工业出版社，2016，第109页。

[2] 同上书，第113页。

[3] 同上书，第124页。

本身也需要被评估，主要是客观性与信效度方面的检验。评估终究是一个主观的过程，评估者应该对其优缺点有明确的认识和深刻的反思。总之，评估是对之前的三个环节进行全面的检验，以作为接下来的教学过程的参考，这也就意味着，课程编制和教学设计应是一个持续性过程，这也是我们使用评估结果的方式。

泰勒为我们呈现了思路，也给我们展示了一套程序，课程与教学的实施确有某种可以遵循的线性逻辑。后来有学者就泰勒的框架做了更加细化和具体化的工作，课程编制和教育设计日益成为一个严密的系统。一线教学工作者确实可以从中获得操作性的启发，甚至也有人认为，绕过泰勒的课程理论就不可能全面地讨论课程问题。①但是，我们要清楚，不论教学设计多么细致都不可能完美，毕竟教师不是工业机器，教学也不是固定程序，因为我们面对的是灵动的学生。因此，全书的最后一句话或许才是泰勒最具有教育智慧的表达："改进课程计划，可以从任何角度入手，只要由此引起的改进能贯彻至相关要素，直到课程的所有方面最终都得到研究和修正为止。"②

> 佳句赏读

1. "仅让学生去理解、分析、解释、应用是不够的，还期待学生在学习这门课程时获得满足感，因此，就需要培养他们的兴趣，这些兴趣要比他们刚接触这门课程时所怀有的兴趣更广泛，也更成熟。"③

2. "一项令人满意的对教育目标的阐述，会同时指出行为和内容两个方面，并对教育任务是什么做出清晰、详细的表述。"④

---

① 吴遵民主编《外国教育论著选读》，上海教育出版社，2009，第65页。

② 拉尔夫·泰勒：《课程与教学的基本原理》，罗康、张阅译，中国轻工业出版社，2016，第138页。

③ 同上书，第54页。

④ 同上书，第62—63页。

3."学生应该在自己解决问题的经验中学会思考。若只是由教师来解决问题,而学生只是旁观,他就无法学会思考。"[1]

4."评估,正是一个发现这些已经制定和组织好的经验能在多大程度上产生期望结果的过程。"[2]

5."任何评估情境都应该是给学生机会去施展我们试图评估的相关行为的情境。"[3]

---

[1] 拉尔夫·泰勒:《课程与教学的基本原理》,罗康、张阅译,中国轻工业出版社,2016,第72页。

[2] 同上书,第112页。

[3] 同上书,第119页。

苏霍姆林斯基和《给教师的建议》

作为一名工作繁忙的教师，如果要你选择一本案头书，你会选择哪一本？这本书不仅应该是经典，还要能够适应繁忙的工作和碎片化的实践，更重要的还在于它能够滋养我们，能够让我们常读常新。

历史上所有的教育思想家，多是了不起的大家，其思想、理论固然能发出耀眼的光芒，但有时候也令人生畏，甚至让人敬而远之。真正的教育家就必须如此宏伟高大吗？是否还有另一种与一线教师更加贴近的教育家成长方式呢？

对于这些问题，20世纪的苏联教育家苏霍姆林斯基或许可以给我们提供一些启发。

瓦西里·亚历山德罗维奇·苏霍姆林斯基（1918—1970）的名字在中国教育界，并不算陌生。相对于其他教育家而言，苏霍姆林斯基与教育实践更为贴近，更容易让一线教师感到亲切。1918年9月8日，苏霍姆林斯基出生于乌克兰的一个农民家庭。1922年，乌克兰成为苏联的加盟共和国之一。他是苏联著名的教育实践家和理论家，他的著述一度被称为"活的教育学""学校生活的百科全书"。早年的生活虽然穷苦，但是他的父母为其一生的成长奠定了重要的基础。苏霍姆林斯基的父亲的身份是农民和木匠，1918年，他的父亲还参与反对沙皇复辟的战斗，并成为一名共产党员，后又积极参与集体农庄的建设。父亲给苏霍姆林斯基留下的形象是英勇、手巧以及充满了责任感和爱国情怀。后来，苏霍姆林斯基去师范学院学习，父亲在他出发时带的行囊中放了一封信，信中提醒道："不要忘了，你是什么人，从哪儿来的……即使你将来学成以后，当上了老师，也不要忘记面包是怎么来的。这面包是人类用劳动换来的，这是未来的希望，而且永远是衡量你和你的子女们的良心的一把尺子。"[1]母亲同样给了他最初的道德熏陶和精神力量，后来他在讨论父母在孩子成长中的作用时说道："母亲的聪颖可以产生一种精神力量……在一个好的家庭里（我之所以称之为好的家庭，是因为在这个家庭的精神源泉里，有着一位聪颖的、精神丰富的、自豪的、而又善于珍惜自己品格的母亲），这一切都细微地、优雅地、不易察觉地存在着……"[2]苏霍姆林斯基的父母共养育了4个孩子，后来都成了教师。他的父母对孩子的教育是非常重视的，对子女的成长起到了重要的作用。

1933年，苏霍姆林斯基从7年制的学校毕业，学习期间表现突出。当时苏联的社会主义建设欣欣向荣，但也面临着巨大的师资缺

[1] 蔡汀、王义高、祖晶主编《苏霍姆林斯基选集（五卷本）（第三卷）》，教育科学出版社，2001，第844—845页。

[2] 蔡汀、王义高、祖晶主编《苏霍姆林斯基选集（五卷本）（第二卷）》，教育科学出版社，2001，第282页。

口，苏霍姆林斯基希望投身于教育事业，报名了一所师范学院继续深造。在师范学院一年的短暂学习期间，除了课程学习之外，他主要沉醉于阅读，以至于"很多年之后，当新闻记者问起已经是教育科学院通讯院士的苏霍姆林斯基在大学时代醉心于何物时，他的回答就一个字：'书'"①。后来，当苏霍姆林斯基表达他的教育观点的时候，不论是对于学生还是对于教师，阅读都是他不断反复强调的一件重要事情。青年时代的经历在很大程度上塑造了他的思想。

1935年，17岁的苏霍姆林斯基成为他的7年制母校的低年级教师，由此开始，他把自己的一生献给了教育事业："他似乎看到一大群孩子正在盼望着他，讲台正在等待着他，新兴的教育事业正在呼唤着他……"②最初接触教育的，他便以兴奋的热情投入其中，加之前辈的指点，他很快就领悟到，教育应该从孩子本身出发，而不是从教材出发，同时也认识到，教育是一门实践性很强的事业，不能仅停留于空谈理论或口号。这为他的教育理论和实践奠定了基调。1936年，苏霍姆林斯基获得去另一所师范学院继续深造的机会，这使他有机会在教育的理论与实践之间来回穿梭学习和提高。两年后，苏霍姆林斯基获得了中学教师资格证，并来到一所中学担任语文教师，后来还担任了学校的教导主任。在这段工作经历中，他对教育、教学、学生、学校管理、教师成长等问题都有了更加深入、系统和成熟的思考。如果没有外界的干扰，他可能会更顺利地、更快地成长为一名教育家。然而，1941年，德国入侵苏联，卫国战争爆发，苏霍姆林斯基义无反顾地拿起武器投入战争之中。战争也让他对人性有了更加深刻的认识。

1942年7月，苏霍姆林斯基负伤痊愈后，根据他个人的意愿，他被分配到一所中学担任校长。重新拾起教师工作的他发现，残酷

---

① 李申申、王凤英、黄思记等：《苏霍姆林斯基画传》，山东教育出版社，2018，第18页。

② 孙孔懿：《苏霍姆林斯基评传》，人民教育出版社，2017，第58页。

的战争让教育变得更加紧迫和必要，也对教育者的责任提出了更高的要求。1944年，苏霍姆林斯基携家人回到家乡，并担任区教育局局长，同时在中学兼课。作为一名教育行政管理者，他始终没有离开过教育一线。1948年，他干脆辞掉了教育局局长的职务，来到一所位于农村的帕夫雷什中学担任校长，一直到去世，苏霍姆林斯基都没有离开过这所学校。

在帕夫雷什中学的22年里，苏霍姆林斯基系统性地开展了他的教育实践和实验，同时进行理论思考，构建了自己的教育思想大厦，"目睹自己的信念化为生气勃勃的创造性事业"[1]，"使一所普通的、平常的农村学校达到了苏联最优秀的普通教育机构的办学水平，使它成了先进教育思想的实验室"[2]。苏霍姆林斯基的教育理论与实践也因此在20世纪世界教育的发展史中占据了一席之地。在这22年中，他全身心地投入教育事业当中，最为可贵的是，他还撰写了大量的教育专著和论文，把自己的思考都记录了下来。1956年，苏霍姆林斯基出版首部专著《学生集体主义情操的培养》，20世纪60年代，也就是他生命的最后十年，是其创作的高峰期。他一生共撰写了41部专著，600多篇论文以及1000多篇寓言、童话和小故事，他曾给3700名左右的学生做详细的观察记录。苏霍姆林斯基的所有教育观点，几乎都是建立在实践基础上的，没有"空中楼阁"。1970年9月2日去世时，他还"留下了一万五千份还没来得及整理出版的手稿和文件"[3]。

《给教师的建议》是苏霍姆林斯基专为一线中小学教师所作，对教育教学以及教师成长提出了诸多建设性的建议。其中文版根据我国当代教育的实际情况，选择了原版的精华部分，同时从苏霍姆林斯基的其他著作中挑选了一些精彩条目作为补充，书中建议的数

---

[1] 蔡汀、王义高、祖晶主编《苏霍姆林斯基选集（五卷本）（第三卷）》，教育科学出版社，2001，第6页。

[2] 蔡汀、王义高、祖晶主编《苏霍姆林斯基选集（五卷本）（第一卷）》，教育科学出版社，2001，第9页。

[3] 李申申、王凤英、黄思记等：《苏霍姆林斯基画传》，山东教育出版社，2018，第143页。

量依然维持与原版的一百条一致。[1]该书并不是一本成体系的理论著作，正如书名所示，该书就是由一条条建议组成的。建议的表达方式有问题式的，如"教师的时间从哪里来""怎样使学生注意力集中""怎样听课和分析课"等；也有告诫式的，如"请记住：没有也不可能有抽象的学生""争取学生热爱你的学科""要使知识'活起来'"等。所有的建议无一例外都是围绕着教学中的实际问题展开的，每条建议独立成篇，但不同的篇章也会从不同的角度讨论一些相同的话题。苏霍姆林斯基在书中的论述，对我们当下的教育实践具有参考性的价值，是一线教育工作者不可或缺的一本案头书。

知识观与教育观

在这一百条建议中，大约十分之一是直接谈知识这一主题的，集中体现了苏霍姆林斯基的知识观和教育观。"知识——既是目的，也是手段"这个标题本身就表明了他的主张，他希望给知识提供一种新的概念："只有当知识成为精神生活的因素，占据人的思想，激发人的兴趣时，才能称为知识。"[2]因此，知识的生长性和生命力是至关重要的，知识不再是货物或者商品，学生的头脑也不再是容器或者机器。获取知识的过程不是一个迁移的过程，而是一个必须形成内在发展的过程，教学的成功不在于外在的热闹和形式的多样，关键是引发学生内心的思考。当我们作为教育者在试图培养学生的学习兴趣的时候，要回归到学生精神世界的深处，让学生"在学习中意识和感觉到自己的智慧力量，体验到创造的欢乐，为人的智慧和意志的伟大而感到骄傲"[3]。很明显，表面的爱好与刺激，实现不了这种真正的热爱。苏霍姆林斯基甚至更加直接地说道："只有当知

---

[1] B.A.苏霍姆林斯基:《给教师的建议(修订版全一册)》，杜殿坤编译，教育科学出版社，2015，再版说明。

[2] 同上书，第22页。

[3] 同上书，第62页。

识变成精神生活的因素，吸引人的思想，激发人的兴趣和热情的时候，才能称为真正的知识。"[1]知识观所关乎的不仅仅是知识本身，还关乎教育者对于受教育者以及教育过程的根本看法。

学生观与教育的艺术

我们到底应该如何看待我们所教的学生？尤其是学习困难的学生，或曰"后进生"。有人曾说过，一个教师对待后进生的态度，最能反映出该教师是否真正具有教育情怀和教育智慧，也决定了一位教师是否可以被称为真正的教育者。苏霍姆林斯基认为，后进生，并不意味着智力低、能力差，只能说明其内在的思维"处于一种受抑制的、静止不动的、'僵化的'状态之中"[2]，简言之，就是还没有被"激活"，这才是后进生的真正问题所在。因此，教师的着眼点应该在于学生的心灵与精神，这与上面的知识观是一脉相承的，苏霍姆林斯基特别叮嘱："最主要的任务是：不要对学习落后的儿童进行不适当的教学。"[3]有时候，做得越多，反而错得越多。同时，"必须使学习困难的学生在我们教师看来首先是可教育的，必须使学习成为他们树立高尚的自尊感的领域"[4]，教育的根本在于精神指向。时至今日，我们的教育已经从偏重知识教学转向了更重视情感的培养，也更加需要教育者的关心、耐心和信心。那么，具体应该如何做呢？苏霍姆林斯基的建议是，从让他们学会观察和发现身边的世界开始，这是我们丰富个体思想的素材和基础，也是构建精神世界的原材料。现实教育中的很多问题其实都源于其距离真实的生活太远。这看起来并不难做到，但却是最为我们所忽视的，也恰恰是教育的艺术之所在。

---

[1] B.A.苏霍姆林斯基：《给教师的建议（修订版全一册）》，杜殿坤编译，教育科学出版社，2015，第151页。

[2] 同上书，第504页。

[3] 同上书，第507页。

[4] 同上书，第328页。

教师的自我成长

《给教师的建议》这本书从书名上就可以看出来，是为教师而写，其目标是帮助教师成长。苏霍姆林斯基对此提出了一个关键问题，即对于教师工作，什么才是最主要、最重要的呢？换言之，教师成长的起点在何处？他呼吁道："未来的教师，我亲爱的朋友！在我们的工作中，最重要的是要把我们的学生看成活生生的人。"[1]这是教师应该秉持的最朴素、最真实的态度，也是我们尊重学生、信任学生的理念之源。面对学生的精神世界，教师所拥有的知识不应该是固定不变地从教材获取，而应该反映出自己的深刻理解，教师本身也必须拥有一个丰富而完满的精神世界。教师的成长，我们应该看到，这是一个包含了身体、精神、心理等多方面的统一体的成长，只有人才能教育人。此外，我们今天强调教师必须成为研究者的观点也是苏霍姆林斯基给出的建议。教师的工作是创造性的工作，与科学研究的本质是一致的，"不研究事实就没有预见，就没有创造，就没有丰富而完满的精神生活，就不会对教师工作发生兴趣……只有研究和分析事实，才能使教师从平凡的、极其平凡的事物中看出新东西"[2]。苏霍姆林斯基的诸多观点其实都是他自己研究得出的结论，他亲自示范了教育者必须先自我教育。

阅读与思考的教育意义

苏霍姆林斯基一再强调教师和学生的精神和心灵。但精神生活绝不仅仅是个人生活的世界，虽然后者是前者的素材和基础，但毕竟是狭隘的、有限的。因此，他格外强调阅读的重要性，他把阅读作为智育的重要手段，更将其视作帮助学习困难的学生走出学习困

---

[1] B.A.苏霍姆林斯基：《给教师的建议(修订版全一册)》，杜殿坤编译，教育科学出版社，2015，第415页。

[2] 同上书，第500页。

境的关键方式。今天的我们对这一观点的有效性或许将信将疑,但是苏霍姆林斯基对于内在世界的重视,是我们无法否认的教育本质。当然,阅读不是为了记住什么,他一再反对死记硬背,阅读只是手段,他希望借此养成思考的习惯,进而培育思维的品质。对学生是如此,对教师又何尝不是呢?不论是对于教育者还是受教育者来说,精神上的空虚都是最大的危险。当我们把学习降低为机械训练的时候,教育本身就离精神越来越远了。因此,苏霍姆林斯基大声呼吁:"读书,读书,再读书——教师的教育素养正是取决于此。要把读书当作第一精神需要。"[1]只有这样,教师才能以自己的思想之火点燃学生的思想之火,教育也就不再是一个简单的传递的过程,而是一个激发和生成的经历。

苏霍姆林斯基的文字是朴素的,没有什么深奥的理论,读起来总是让人倍感亲切。他的每一条建议几乎都源于教学实践,并切中现实教育中的某一个痛点或难点。虽然他与我们今天有着一定的时空距离,但是他的观点与建议仍然具有一定的可借鉴参考之处。值得注意的是,包括《给教师的建议》在内,苏霍姆林斯基的几乎所有文字都离不开学生,这本身就是对教育最真实的回归。今天的概念、理论太多太复杂,反而遮蔽了原初的真实,正如苏霍姆林斯基所认为的:"教育的核心,就其本质来说,就在于让儿童始终体验自己的尊严感。"[2]

---

[1] B.A.苏霍姆林斯基:《给教师的建议(修订版全一册)》,杜殿坤编译,教育科学出版社,2015,第423页。

[2] 同上书,第324页。

佳句赏读

1. "只有靠思考来唤醒思考。"[①]

2. "请你记住,无论哪一种爱好,如果它不能触动学生的思想和打动他的心,那就不会带来益处。"[②]

3. "对一个教师来说,最大的危险就是自己在智力上的空虚,没有精神财富的储备。"[③]

4. "每一个孩子就其天性来说都是诗人,但是,要让他心里的诗的琴弦响起来,要打开他的创作的源泉,就必须教给他观察和发觉各种事物和现象之间的众多的关系。"[④]

5. "教师不是宣讲真理,而是在跟少年和男女青年娓娓谈心:他提出问题,邀请大家一起来对这些问题进行思考。"[⑤]

[①] B.A.苏霍姆林斯基:《给教师的建议(修订版全一册)》,杜殿坤编译,教育科学出版社,2015,第68页。

[②] 同上书,第80页。

[③] 同上书,第159—160页。

[④] 同上书,第189页。

[⑤] 同上书,第422页。

弗莱雷和《被压迫者教育学》

作为一名教师，我们是否在教育中感受到某种"压迫"？这种"压迫"未必是外在有形的，也可能是内在精神的。

我们应该追求一种怎样的师生关系？民主、平等的师生关系似乎成为一种理想，这种理想该如何去实现？

教育与社会之间总是存在着纷繁复杂的关系，今天我们又如何看待教育对社会的影响？

…………

半个多世纪以前，一位来自巴西的教育实践家和思想家在非常艰难的情况下，将教育事业与社会改造紧密地结合起来，在压迫性的社会结构中发现了一种"被压迫者的教育学"，并以最终的"解放"来指明未来的方向。

保罗·弗莱雷（1921—1997）是20世纪著名的教育家，出生于巴西东北部港口城市累西腓的一个中产阶级家庭。但是，1929年的全球经济危机使他的家庭破产，弗莱雷从童年时期开始经历贫穷和饥饿。1933年，他的父亲去世了。早期痛苦的人生经历对他后来的教育事业产生了极为重要的影响："那是一种真实而具体的饥饿，没有确切的终止日期……我们的饥饿是那种不宣而至、不请自来的饥饿，它随心所欲，让人看不到它的尽头……我们很多同学都经历过这种饥饿，而它今天仍旧在折磨着数百万的巴西人，每年都有人在饥饿的肆虐下失去生命。"[1]贫穷和饥饿促使弗莱雷决定要改变自己的生活，但是他的实际条件又不允许他接受良好的教育。他在四年级的时候曾一度被迫辍学。这使得他在现实中认识到饥饿和贫穷与学习困难之间、社会阶级与教育之间存在着某种联系。

巴西对我们国内读者而言是一个比较熟悉而又陌生的国度，它在历史上长期受到葡萄牙的殖民统治；也正因为被殖民的历史，来自欧洲的移民众多，造成了它多种族、多民族、多阶层的社会现状，客观上加剧了社会阶级的分化与冲突，并一直延续到民族独立和国家解放之后。1889年，巴西推翻了君主制建立了共和国。1930年再一次发生革命，建立了新的资产阶级政府。但是，巴西距离真正的民主化还有很长的路要走，资产阶级政府一直不太稳定，统治者也走向了独裁并实施专制统治。一直到第二次世界大战结束之前，巴西的整个教育的特征是在学校开设统一的课程和运用严格的教学方法；采取权宜措施来解决教育问题；教育主要为国家的政治服务，忽视对教育本身的规律的探究。1945年10月，独裁政府被推翻，巴西再次建立民主共和国。虽然教育得到了进一步的发展，但是政治

[1] Paulo Freire, *Letters to Cristina*, New York: Routledge, 1996, p.15.

权力的斗争远远超过了其他国家事务，政局动荡不安，很多富有创新性的改革措施和长远规划无法得以真正实施。1964年至1985年间，经过几番政治斗争，巴西进入军人统治时期，军人政府修改宪法，实行高度的中央集权制，对普通民众采取高压政策。军人政府为了稳定政局，大力发展国家经济，同时也采取措施改革教育。但是，教育依然与社会经济的发展不相适应。在专制统治和阶级分化之下，教育不平等的现象非常严重，师资也极其匮乏，多数地区的学校教育质量堪忧。虽然军人政府也采取了一些措施改变现状，但是，教育是内嵌于整个社会环境之中的，如果社会结构没有根本性的改变，教育很难有实质性的进步。政府采取的措施很多都是短期性的，比如偏重高等教育而忽视基础教育，并不致力于改善教育的不公平现象等。

弗莱雷主要的人生几乎都是在以上这些令人苦恼的历史时期里度过的，他的个人命运以及对教育事业的投入，都是与巴西这个国家的命运紧密联系在一起的。弗莱雷目睹了政局的动荡给社会带来的压迫，体会了底层人民的痛苦与挣扎，但他没有放弃希望也没有逃避责任。相反，他努力与之抗争并试图寻找社会的出路，这也就不难理解为何他的教育学观点带有如此强烈的批判性。

1943年至1947年间，弗莱雷就读于累西腓大学的法学院，但毕业后并未从事法律相关事业，而是成了一名中学教师并热情地参与到当时巴西的扫盲运动中。在随后的10余年里，弗莱雷对教育事业的激情与热爱，使得扫盲运动在巴西的贫困人群中取得了很大的进展。但是，1964年的一场军事政变以及随后建立的军人政府结束了这一切，他还被关押了70天，随后又不得不开始长达6年的政治流亡生活。这些经历所带来的不只是打击，更重要的是，让弗莱雷更深入地思考教育与社会的深刻联系。后来，他的教育理念不再局限于学校和教室之内，是拓展到广泛意义上的社会层面，有着明确的社会改革指向。

流亡期间，弗莱雷继续参与各种社会改革运动，比如，参加了智利的土地改革运动，他还为联合国粮食与农业组织工作过。这些实践继续滋养着他关于教育的思考。1967年，弗莱雷出版了第一本著作《作为自由实践的教育》，次年用葡萄牙语出版了最著名的《被压迫者教育学》。1970年，《被压迫者教育学》首次被翻译成西班牙语和英语出版，从此这部著作在世界上广为流传。直到1979年，弗莱雷才终于重回巴西，并继续从事他的扫盲运动和社会改革事业，直至1997年去世。

弗莱雷的事业和写作都深深地植根于其所处时代和亲身经历，《被压迫者教育学》就是他长期观察、实践和思考的结果。他采取阶级分析的方法和反殖民的态度，认为一个群体的生活方式、存在方式、言说方式，乃至于走路方式、问候方式，无不都是一种阶级的表述。他通过强调阶级地位来戳穿统治阶级的骗局，他坚信教育无法非政治化，只有在不断批判和斗争中才能让广大的"被压迫者"获得真正的自由和教育。《被压迫者教育学》篇幅并不长，共有四个章节。弗莱雷从人性化的问题入手，戳穿阶级统治者的伪善和谎言，分析压迫社会的结构，揭示了被压迫的事实。压迫社会的教育其实只是一种统治的手段，不是真正的教育，弗莱雷的目的是要用解放代替压迫，建立被压迫者的教育学，这不仅解放了被压迫者，也解放了压迫者，进而在此基础上描绘了新社会、新教育的理想形式，由此构建了系统完整的"被压迫者教育学"。

压迫者与被压迫者

弗莱雷认为人性化是人的重要使命，也是人类的中心问题，人的正常和完善发展是一个追求人性、创造人性的过程。但是，在一个不公正的社会秩序中，人被扭曲，被区分为压迫者和被压迫者，人性也逐渐丧失。在压迫者眼里，"人"只是指他们自己，而其他人都只是"东西"（不是真正富有人性的"人"）。他们要物化一切，"为了便于统治，压迫者意识想方设法打消人们的探索欲望，抑制人们永不满足的精神，抹杀人们的创造力，而这些正是生命的特征。所以，压迫者意识泯灭生命"[1]。在这个压迫的过程中，被压迫者失去了人性，然而，压迫者本身也没有获得人性，他们企图依靠暴行和强制力来驯化人，他们心中没有爱，在束缚别人的时候也破坏了自己心灵的自由。

而被压迫者则更是处于弱势的地位，"被压迫者的行为是一种被规定的行为，实际上是在遵循压迫者的旨意"[2]。他们处于压迫者的统治结构中，并深深地陷入统治者编造的谎言之中且不自知，容易产生对自己的贬低和对统治者的依赖。除了外在的束缚，更重要的是内心"对自由的恐惧"，被压迫者在接受压迫者意识的过程中逐渐将其内化了，这是更可怕的。"没有自由他们就不能真正地生存下去。然而，尽管他们向往能真正地生存下去，但却又害怕它。"[3]于是，他们的内心充满矛盾和冲突，人格陷入分裂之中，被压迫者对压迫者的地位、特权和生活方式既恐惧又崇拜，被压迫者就这样从内部将自我非人性化了。

那么，该如何解体这一压迫结构呢？弗莱雷认为："只有被压迫者通过解放自身，才能解放压迫他们的人。后者作为压迫阶级，既

---

[1] 保罗·弗莱雷：《被压迫者教育学》，顾建新、赵友华、何曙荣译，华东师范大学出版社，2001，第14页。

[2] 同上书，第4页。

[3] 同上书，第5页。

不能解放他人，也不能解放自身。"[①]被压迫者承担起了全部的责任，他们首先要做的是认清被压迫的事实及其根源，摆脱外在的依赖性和相信自己，然后是反思自身的处境，最后是采取实际行动。反思和行动才构成真正的实践。这是一个反压迫的过程，一个解放的过程，由此，人性得以再生，人获得了全新的存在方式。但是，问题的解决仍然在于新人的诞生和人性的再造，因此，这一社会问题就需要有一种适当的教育学来解决。

被压迫者教育学

这种新的教育学——弗莱雷将其称为"被压迫者教育学"或者"解放教育学"，"它是为自身解放作斗争的人的教育学"[②]，是通向人性化的途径。这种教育应该是所有真正的人的自由的实践，必须让每个人尤其是被压迫者参与其中，让他们成为自己思想的主人，让他们"为自己而存在"而不是"为他人存在"，由此才能打破不公正的压迫和被压迫结构。为此，教育必须做出结构性的变革。

弗莱雷认为最重要的是实现教育理念和方式的转换，要变灌输式教育为提问式教育。现实中的灌输式教育，是一种教师对学生的储存行为，其特征在于：第一，学习者在意识上是被动消极的，对这个世界是被动适应、毫无思考的；第二，教师与学生相互分离和对立，"在灌输式教育中，知识是那些自以为知识渊博的人赐予在他们看来一无所知的人的一种恩赐……它否认了教育与知识是探究的过程。教师在学生面前是以必要的对立面出现的。教师认为学生的无知是绝对的，教师以此来证实自身存在的合理性"[③]。在灌输式教育中，教师成了绝对的主体，学生只是纯粹的客体，所谓的教育不过是学生被动地、完整地接受教师灌输给他们的知识、观点，而这

[①] 保罗·弗莱雷：《被压迫者教育学》，顾建新、赵友华、何曙荣译，华东师范大学出版社，2001，第12页。

[②] 同上书，第9页。

[③] 同上书，第25页。

些知识和观点都是为了适应统治秩序的现状，学生只需记忆和模仿，无须任何思考和理解。显然，这种教育正是压迫社会的特征，是非人性化的。弗莱雷相信，如果打破这种对立，"如果学校考虑到被压迫者的文化——他们的语言，他们学数学的有效方式，他们关于这个世界的知识等，教育的困难将会消失"[1]。

而提问式教育——弗莱雷给新的教育学的新命名，首先就要打破二元对立，教师和学生都获得认知主体的地位，他们不再是对立的双方，而是合作者，共同成长，"从一开始，教师必须与学生一起努力，进行批判性的思考，追求双方的人性化。教师的努力必须充满着对人及人的创造力的深信不疑。为了达到这一目的，在与学生的交往中，教师必须成为学生的合作伙伴"[2]。在这一过程中，要求每一个人思考现实、相互交流、追求人性，充分发挥自己的创造能力以实现人的使命。这也是一个相互教育的过程，教师和学生不再有明确的界限，教师可以成为学生，学生也可以成为教师，他们是相互对话的关系，不是一方压倒另一方；知识也不再是信息的传递和灌输，而是共同探究的结果。这一过程是动态的，是不断改造的，它将扫除一切人性化的障碍，思考、行动、创造力将得到自由发挥。如果将这种教育精神和方法拓展到社会生活领域，也必将引起社会的结构性变革，这是弗莱雷改革社会的路径。

不过，所有改革的出发点是当前的、现实的、具体的情况，必须清醒地认识到"人是处在变化过程中的存在——是不完美、不完善的存在，存在于同样不完美的现实中……教育作为人类特有的现象，其真正的根基也正是在于这种不完美与这种清醒的认识之中。人类的不完美性与现实的改造性需要教育成为一种生生不息的活动"[3]。而要达到一种清醒的认识，就必须经由批判、对

---

[1] Paulo Freire, *Letters to Cristina*, New York: Routledge, 1996, p.16.

[2] 保罗·弗莱雷：《被压迫者教育学》，顾建新、赵友华、何曙荣译，华东师范大学出版社，2001，第27页。

[3] 同上书，第34—35页。

话和交流，批判性的思考是真正认识现实的最好方式，真正的思考也只有在互相交流中产生。这就需要我们的教育者能够批判性地认识现实、思考现实，这是改进的基础。任何时代和地区的教育教学改革又何尝不是如此？凡是脱离现实的创新与进步终将是虚无的。这是一种教育追求，是整个解放教育学的起点，也是弗莱雷所揭示的一个朴素的道理。教育的内容及其改革方案也将在这一过程中得到确定。

对话理论与反对话理论

交流必然会建立一种对话关系，为此，弗莱雷构建了他自己的对话理论。他认为，在这场真正的社会变革中，与人民的对话是基本的要求，"真正的革命必然会勇敢地与人民进行对话。它的真正合法性就在于这一对话。革命不能害怕人民，不能害怕人民的声音，不能害怕人民有效的参政。它必须对人民负责，必须向人民坦言其得失成败及困难"[①]。革命者与人民的对话是真诚的、彻底的，只有与人民在一起，他们才能够正确思考，人民也只有与革命者在一起才能学会对话和独立思考。真正的变革就是人们在对话的过程中相互解放，独立思考是其目标之一，这一行为也就具有了教育的特性。

弗莱雷经历的社会和见到的统治者，是反对话的，他们惯用的手段是征服、孤立、操纵和文化侵犯，不管是在政治统治领域还是在教育领域都是如此，灌输式教育就是这些手段在教育中的具体表现。在反对话之下，人们的自我意识、独立意识被消磨，真正的人不复存在。弗莱雷指出，只有一个人体会到真正的"自我存在"，他才会朝向人性化的方向发展。个人如此，社会、国家的发展也是如

[①] 保罗·弗莱雷：《被压迫者教育学》，顾建新、赵友华、何曙荣译，华东师范大学出版社，2001，第70页。

此。评价一个社会是否发展,不能用统计数字堆砌的现代化的简单标准来衡量,而应看这个社会以及其中的个体是否具有"自我存在"的意识。

与反对话的特征相对应,弗莱雷的对话理论也有四个特征:合作、团结、组织和文化合成。"在文化合成中,施行者不是以侵犯者的身份从'另一世界'来到人民的世界中。他们来不是为了教导、传授或给予什么东西,而是为了与人民一起认识人民的世界……施行者与广大人民融为一体。人民是双方对世界施行的行动的合作方。"[①]所有参与者都是主体,主体间相互交流、相互支持,构成一个整体,共同为了一个目标——人性化——而努力。

对话是人与人之间的平等接触、交流,这是自由实践的重要组成部分,也是人对世界的创造性活动。要达到这一目标,弗莱雷认为需要具备五个条件:第一,对世界、对人的挚爱,爱是一种责任,"爱同时是对话的基础和对话本身"[②];第二,谦虚的态度,对话是平等的交流,容不得任何傲慢;第三,对人的信任,相信人本身的创造力以及人可以不断完善的可能性;第四,希望,虽然人是不完善的,但只要不断追求并充满希望地等待,历史总是向前发展的;第五,批判性思维,只有对现实进行不断地批判才能真正地改造现实,才会有真正的交流和对话。而要达到真正的教育,又何尝不需要这五个基本条件呢?

在弗莱雷的论述中,其实很难将教育与社会区分开来,或许他自己根本就没有试图将二者割裂,教育的变革与社会的改革不仅密不可分,有时候甚至是一体两面。弗莱雷的这种论述方法本身也在提醒我们教育变革为何如此困难的某种原因,脱离社会整体进步的

[①] 保罗·弗莱雷:《被压迫者教育学》,顾建新、赵友华、何曙荣译,华东师范大学出版社,2001,第112—113页。

[②] 同上书,第39页。

教育变革是很难实现的。他给我们展现了一种知识观和教育观，知识不再是静止和孤立的，教育应该是成长性和互动性的。这些观点尽管从历史上来看并不是他的独创，但是，在他所处的社会环境里有着重要的特殊意义。他的强烈批判性未必适用于我们今天的社会，但是，他所秉持和倡导的独立思考精神和平等对话理念，依然是今天的教育努力的方向。解放也好，对话也好，是需要在具体教育实践中施行的，这依然考验着每一位一线教育工作者。更加难能可贵的是，弗莱雷虽然一生坎坷，但他"从未忽略对这个世界的美的观察"①，正如他在《被压迫者教育学》的序言里所宣布的："我对人的信任，我对男男女女的信念，以及我对创造一个更容易使人爱的世界的信念。"②这种信念既是我们教育者憧憬美好未来的凭借，也是我们面对不完美的勇气之来源。

① Paulo Freire, *Letters to Cristina*, New York: Routledge, 1996, p.28.

② 保罗·弗莱雷：《被压迫者教育学》，顾建新、赵友华、何曙荣译，华东师范大学出版社，2001，第5页。

佳句赏读

1."自由必须经过持之以恒、尽职尽心地追求才能获得。自由不是身外的理想，也不是可以成为神话的想法，而是人们追求人性完美的不可或缺的条件。"③

2."教育学如果以压迫者个人私利（这种利己主义披着温情主义的虚假慷慨的外衣）为出发点，并且使被压迫者成为人道主义的对象，那它本身就维护并体现了压迫，是非人性化的工具。"④

3."离开了探究，离开了实践，一个人不可能成为真正的人。知识只有通过发明和再发明，通过人类在世界上、人类与世界一道以及人类相互之间的永不满足的、耐心的、不断的、充满希望的探究才能出现。"⑤

③ 同上书，第4页。

④ 同上书，第10页。

⑤ 同上书，第25页。

4. "人知道自己是不完美的；他们清楚自己的不完善。教育作为人类特有的现象，其真正的根基也正是在于这种不完美与这种清醒的认识之中。人类的不完美性与现实的改造性需要教育成为一种生生不息的活动。"[1]

5. "真正的教育不是通过'甲方'为'乙方'（'A' for 'B'），也不是通过'甲方'关于'乙方'（'A' about 'B'），而是通过'甲方'与'乙方'一起（'A' with 'B'），以世界作为中介而进行下去的。"[2]

---

[1] 保罗·弗莱雷:《被压迫者教育学》,顾建新、赵友华、何曙荣译,华东师范大学出版社,2001,第34—35页。

[2] 同上书,第42页。

布鲁纳和《教育过程》

在瞬息万变的现代社会里，教育应教些什么？达到什么目的？应如何平衡社会诉求与个体发展之间的关系？这是一名教育者常常省思的问题。

我们应该如何编制课程，使它既能由普通的教师教给普通的学生，同时又能清楚地反映各学术领域的基本原理？

当明确了课程的中心，又应如何看待学生的主体性与教师的角色？

20世纪50年代末，美国教育心理学家布鲁纳围绕上述问题重新构建了"教育过程"，他把结构原则界定为最便于学习者掌握的知识组织方式，将认知结构作为革新课程的基石，掀起了后续十余年里以学术训练为核心的美国课程改革思潮。

杰罗姆·S.布鲁纳（1915—2016）是美国著名教育心理学家、认知心理学家和结构主义课程理论创始人，是20世纪60年代致力于将心理学原理实践于教育的典型代表。布鲁纳出生于美国纽约，1937年获杜克大学学士学位，1941年获哈佛大学心理学博士学位，后又被西北大学、谢菲尔德大学、塔普尔大学等九所高等学府授予荣誉学位。布鲁纳早年从事动物实验研究，第二次世界大战后转向对人的感知觉、人对知识的理解与获得知识过程的关注，一直深耕于教育心理学和课程论研究领域。第二次世界大战期间，布鲁纳活跃于美国联邦政府的多个部门，也曾在法国从事智力开发的相关工作。可以说，正是这些工作经历促进了布鲁纳研究视角的转移。战争结束后，布鲁纳返回哈佛大学心理系任教，1952年晋升为教授，1962年获美国心理学会颁发的杰出科学贡献奖，1965年当选为美国心理学会主席。与此同时，布鲁纳还在美国艺术和科学院、美国教育研究院、美国科学促进会、美国总统科学顾问委员会以及白宫教育研究与发展专门小组等部门积极活动，对战后美国教育决策的形成发挥了举足轻重的作用。

布鲁纳结构主义课程理论的形成是与科技革命和冷战政治紧密联系在一起的，后两者是影响第二次世界大战后美国学校课程变革的重要因素。美国在第二次世界大战中的胜利巩固了科学在学术工作和社会生活中的根本地位，对教育目标、内容和方法提出了新的诉求，也刺激了新兴边缘学科、新技术发明、管理科学以及认知科学的进展，为教育理念和课程的变革提供了新的动能和方法论支撑。1957年苏联人造地球卫星的上天加剧了美国政府改革教育的紧迫感，发展科技与开发人力资本成为双方阵营竞争的筹码，教育由此被推到冷战的前沿，上升为国家战略之一。面对日益高涨的教育改革呼声，美国国会于1958年9月通过《国防教育法》，要求加强普通学校的自然科学、数学和现代外语（所谓"新三艺"）的教学，强调"天才教育"，竭力培养科学技术尖端人才，以保证所培养的人才在质量和数量两个方面足以满足美国国防的需要。在这一主基调下，布鲁纳将心理学理论运用于教育问题的探索，在心理学和教学论领域的交界处开拓出了一片新的研究阵地。

布鲁纳以结构主义哲学为指导，吸收结构主义者列维-施特劳斯、皮亚杰、乔姆斯基等人的思想营养，把结构认知心理学理论、语言学和信息加工等学科的精华引入课程理论的建构，尝试通过对教学内容、过程及方法的改革实现课程从重视结果到重视过程，教学内容由具体经验到结构化的转向。他在儿童的智力发展、学习与认知过程、课程与教材的编制设计以及教学方法的改革等诸方面提出了颇具独创性的见解，强调各种基本概念、基本原理及其相互之间的规律和联系，倡导让学生参与知识的建构，掌握知识的整体与事物之间的普遍联系，把学校各科教育教学转移到发展儿童的智慧和能力上来，希望以此弥补进步主义教育理论带来的学习过于肤浅、琐碎以及新行为主义教育理论忽视儿童内部因素的弊端，尽早培养学生的主动思考的习惯和能力，从而造就受过良好教育的公民。1959年发表的《教育过程》正集中反映了布鲁纳对当时国家诉求和课程革新的深入思考，该书也成为20世纪50年代末和60年代美国课程革新的指导性文献。

《教育过程》成形于1959年美国全国科学院在伍兹霍尔召开的中小学数理学科教育改革会议，探讨如何改进中小学自然科学教育的问题是约35位科学家、教育家和学者参与此次会议的目的。作为会议主席的布鲁纳以结构主义思想为主导，综合会上发表的不同意见撰写了《教育过程》。布鲁纳在书中简明扼要地阐释了"结构在学习中的作用以及它如何成为教学的中心""学习的准备""直觉的本质""学习的动机以及如何刺激这种动机"四个问题，由此得出了以下结论：1.学习任何学科，主要是要学生掌握这一学科的基本结构，同时也要掌握研究这一学科的基本态度或方法；2.任何学科的基本原理都可以用某种形式教给任何年龄的学生；3.过去的教学偏重发展学生的分析思维能力，今后应重视发展直觉思维能力，使二者相互补充；4.采用发现学习法，引导学生对所学材料本身产生兴趣，这是学习的最好动机，不宜过分重视奖励、竞争之类的外在刺激。布鲁纳的结构主义观点为当时的课程改革提供了一个新颖而明确的思路。

掌握学科的基本结构来促进才智

"我们也许可以把培养优异成绩作为教育的最一般的目标；但是，应该弄清楚培养优异成绩这句话指什么意思，它在这里指的，不仅要教育成绩优良的学生，而且也要帮助每个学生获得最好的智力发展。"[1]布鲁纳把促进学生智力发展视为教学的首要问题。他认为，在科技迅猛发展和知识爆炸的时代，学生在学校所学的一定数量的知识技能已经远远不敷所用，因此教学不仅要传授必要的知识和技能，更为重要的是培养学生的理智能力，使之能够灵活应对不断出现的新问题，成为适应社会变化和时代需要的有才智的公民。在冷战的政治局势下，布鲁纳把提高教学质量和促进人的才智发展与国家的安全联系起来，以之为教育的普遍目的，宣称"如果促使所有的学生充分利用他们的智力，就将使我们这个处于工艺和社会异常复杂的时代的民主国家，有更好的生存的机会"[2]。

如何促进智力的发展？布鲁纳确信必须掌握学科的基本结构。他认为任何学科中的知识都有其内在结构，"一门学科的课程应该决

---

[1] 杰罗姆·S.布鲁纳：《教育过程》，上海师范大学外国教育研究室译，上海人民出版社，1973，第6页。

[2] 同上书，第7页。

定于对能达到的给那门学科以结构的根本原理的最基本的理解"[1]。所谓基本结构，主要指各门学科的基本概念、公式、原则等理论知识，即学科的内在规律性，但布鲁纳也指出基本结构并不局限于此，"还包括发展对待学习和调查研究，对待推测和预感，对待独立解决难题的可能性等态度"[2]。在这个意义上，布鲁纳强调掌握学科基本结构应成为学习者在运用知识方面的最低要求，因为其价值在于简化、产生新命题和增强运用能力，促进学习者对整个学科的理解。易言之，知识的概括程度越高，学到的观念、原理越基本，就越有助于记忆、理解和迁移，也越有助于学习者认识的深化和拓展。

如何高效地学习学科的基本结构？在课程设计上，布鲁纳主张由深谙各科要义的专家和学者重新制定课程体系和编订教材，基本思路是以各科的基本原则、概念为核心来统整课程结构，重视知识的关联、迁移与转换，由基本结构拓展至学科的最新知识成果。在内容编排上，以"任何学科可按照某种忠实的形式教给任何儿童"为前提，布鲁纳提出"螺旋式课程"方案，即根据儿童发展的不同阶段把材料转译成儿童能够理解的逻辑形式，提出"适中的问题"，以一些不太精确但直观的方式尽早地向学生介绍一些主要概念、原则、原理，在后续的学习中不断反复、修改、拓展、深化，由此把认识不断推向前进。

引导学生自己去发现

布鲁纳倡导在教学中采用发现法，认为学生应像数学家那样思考数学，像历史学家那样思考史学，亲自发现结论和规律，使自己成为一个发现者。在布鲁纳的论述中，儿童的才智发展是主动求知的过程，包括新知识的获得、旧知识的改造与转换、知识的检查和

---

[1] 杰罗姆·S.布鲁纳:《教育过程》，上海师范大学外国教育研究室译，上海人民出版社，1973，第21页。

[2] 同上书，第14页。

评价，儿童的发展虽有阶段性，但并不像时钟装置那样有固定的节奏，而是受到学校环境的影响并对知识作出反应。所以，知识的传授不必奴性地跟随儿童认知发展的自然过程，而应提供给儿童具有挑战性且合适的机会，引导学生积极主动地参与知识获得的过程，以便使发展步步向前。如果想让学生把学习组织得好，使之所学到的东西在思想上有用和有意义，一个重要的方法是激发学生对于"发现"的兴奋感，"发现以前未曾认识的观念间的关系和相似的规律性以及伴随着的对本身能力的自信感"[1]。布鲁纳因此建议教学要有适度挑战性，要求教师要营造有利于学生独立探究的情境，以学科知识结构的理解和掌握为核心。在提出一个学科的基本结构时，"有可能保留一些令人兴奋的观念的系列，引导学生自己去发现它"[2]，这样有助于学生学会发现新知识的思考方式，自觉将知识系统化、结构化，促进才智的发展。

布鲁纳还将直觉思维视作创造性思维的一个重要特征，重视直觉思维在发现学习中的价值。"直觉思维，预感的训练，是正式的学术学科和日常生活中创造性思维的很受忽视而又重要的特征。机灵的推测、丰富的假设和大胆迅速地作出的试验性结论——这些是从事任何一项工作的思想家极其珍贵的财富。"[3] "研究不通过分析步骤而达到似乎是真实的但却是试验性的公式的智慧的技巧，而这种公式要借助分析步骤才会发现结论是否有效"[4]，布鲁纳深信这是直觉思维的本质。布鲁纳也因此承认直觉思维与分析思维的互补性，提倡给年幼的学习者以解决问题的机会，鼓励学生积极运用直觉程序并予以检验。

---

[1] 杰罗姆·S.布鲁纳：《教育过程》，上海师范大学外国教育研究室译，上海人民出版社，1973，第14页。

[2] 同上。

[3] 同上书，第9页。

[4] 同上。

教学过程是教和学相统一的过程

尽管倡导学生的主动发现，但布鲁纳并不否定教师的重要作用，而是深信教师是教育过程的主要辅助者，"教是最好不过的学习方式"[①]，强调教学过程是教与学相统一的过程。随着科技的发展和现代化教学手段的应用，布鲁纳认为教学辅助工具不但不能替代教师，而且对教师的能力和水平提出了越来越高的要求，因为利用教学辅助装置来教什么，怎样教，有赖于题目和程序设计者的技巧和智慧。例如，教师要有效地利用电子计算机辅助教学，就必须使用高质量的"软件"或编制合乎逻辑的科学的教学程序，而要做到这一点，教师必须在主观上作出更大的努力，必须不断深入钻研教材，提高各种知识水平，丰富教学经验，增加教学的趣味，才有可能收到理想的教学效果。

同时，布鲁纳强调教师应该成为知识的传播者、榜样和典型人物。他认为教师的性格、涵养和行事风格总会潜移默化地影响学生，被学生视作教育过程中的直接个人象征，如有的是热心家，或某个观点的忠实拥护者，或由于酷爱某门学科而热忱的训练家，或爱打趣然而精神严肃的人，但也有削弱学生的信心和想象力的教师，或是恐怖密室的支持者。[②]因此，布鲁纳竭力要求全面提升教师的个人素养，展现积极的形象和有益的品质，尽可能地弱化教师角色对学生的不利影响。

当然，布鲁纳的主张也存在着缺陷，过于依赖专家的作用和学科基本结构不可避免地对教师和学生提出了更高的要求，课程设计和操作的难度大、内容过于抽象精深、弱化教材与生活的关联和知

---

① 杰罗姆·S.布鲁纳:《教育过程》，上海师范大学外国教育研究室译，上海人民出版社，1973，第62页。

② 同上书，第63页。

识的应用、忽视学生非智力因素的影响等，这些都使课程的成效在落实中大打折扣。尽管如此，既不同于传统教学论盲目强调系统知识的学习，又与实验主义偏重经验学习的主张有着显著差异，布鲁纳的观点为课程的重建提供了科学的心理学依据，展现出了很强的时代性和生命力。他植根于认知心理学理论，强调学科基本结构，倡导主动学习，注重直觉思维的价值和内在动机的激发，提倡教与学的统一，把着眼点置于解决现代人类开发智力资源的需要上，兼顾了知识的基本结构与儿童的智力发展，顺应了冷战时期强化基本知识学习的诉求。美国很快掀起一场以此思想为指导、以课程革新为中心的教改运动，促进教学方法、手段、组织形式的变革，尤其推广了发现法和电化教育，其奥秘即在此。

佳句赏读

1."不论我们选教什么学科，务必使学生理解该学科的基本结构。这是在运用知识方面的最低要求，使它有助于解决学生在课堂外所遇到的问题和事件，或者在日后训练中课堂上所遇到的问题。"[1]

2."一门学科的课程应该决定于对能达到的给那门学科以结构的根本原理的最基本的理解。"[2]

3."儿童智慧发展的研究突出了这个事实：在发展的每个阶段，儿童都有他自己的观察世界和解释世界的独特方式。给任何特定年龄的儿童教某门学科的任务，就是按照这个儿童观察事物的方式去表现那门学科的结构。"[3]

4."儿童的智慧发展不是像时钟装置那样，一连串事件相继出现；它对环境，特别对学校环境的影响，也发出反应。因此，教授

---

[1] 杰罗姆·S.布鲁纳:《教育过程》，上海师范大学外国教育研究室译，上海人民出版社，1973，第8页。

[2] 同上书，第21页。

[3] 同上书，第23页。

科学概念，即使是小学水平，也不必奴性地跟随儿童认知发展的自然过程。向儿童提供挑战性但是合适的机会使发展步步向前，也可以引导智慧发展。经验已经表明：向成长中的儿童提示难题，激励他向下一阶段发展，这样的努力是值得的。"[1]

5."直觉思维，预感的训练，是正式的学术学科和日常生活中创造性思维的很受忽视而又重要的特征。机灵的推测、丰富的假设和大胆迅速地作出的试验性结论——这些是从事任何一项工作的思想家极其珍贵的财富。"[2]

---

[1] 杰罗姆·S.布鲁纳：《教育过程》，上海师范大学外国教育研究室译，上海人民出版社，1973，第27页。

[2] 同上书，第9页。

联合国教科文组织和
《教育——财富蕴藏其中》

当今世界，不同地区及其教育之间的联系越来越密切，在人类社会遇到新的机遇和挑战时，教育能做什么呢？教育又如何在更加广泛的意义上与主体的生活、社会的发展和国际性理解建立联系？

教师如何在当前广泛而深入的教育变革中寻找到属于自己的位置？教师个体的内在自我完善对于教育改革的意义何在？

21世纪诸多教育改革的议题，其实都可以从20世纪90年代联合国教科文组织发布的一份报告中找到初心。

全球正进入一个高度复杂和充满不确定性的"风险社会"。人类面临着前所未有的变革，面临着比任何时代都多的选择和困惑。教育不仅仅是国民个人素质的保证，还关系国家乃至全人类的前途和命运。教育在人类社会发展中起着重要的作用，它虽然不是什么灵丹妙药，但确实在促进社会和谐、减少贫困、增强国际理解、减少压迫与战争等方面有着潜在的价值。然而，在21世纪来临初期，教育政策遭到批评，社会对其的投入被降到了优先事项中的次要地位。面对教育价值的跌落，国际21世纪教育委员会向联合国教科文组织提交了《教育——财富蕴藏其中》的报告，重申教育的重要性，呼吁让教育再次成为国家发展的优先事项，并为教育如何迎接21世纪提出改革策略。

国际21世纪教育委员会成立于1993年，专门负责研究21世纪的教育与学习。时任欧盟主席的雅克·德洛尔担任委员会主席，其余14名委员由政治家、科学家、经济学家、社会活动家、教育专家以及行政人员组成。委员们有着不同的从业背景和人生经历，他们带来了更新颖的观点和更广阔的视野。委员会从国际经济、政治、文化的视野论述了教育的作用及相关问题，并形成了报告《教育——财富蕴藏其中》。

《教育——财富蕴藏其中》是1996年在巴黎总部召开的联合国教科文组织工作会议上由委员会主席雅克·德洛尔向总干事马约尔提交的报告，并于同年12月，由教育科学出版社组织翻译、出版。该报告被誉为继1968年《世界教育危机：系统分析》和1972年《学会生存》之后联合国教科文组织公开发表的最重要报告。该报告成形于20世纪90年代，在冷战格局宣告结束、人类面临新的发展机遇下诞生，因此具有强烈的时代气息和前瞻性。

21世纪教育的走向是当前人们关注的重要问题之一，如何使教育在解决社会问题中发挥作用是人们关注的焦点。国际21世纪教育委员会致力于从教育与文化、教育与公民权利义务、教育与社会团结、教育与工作、教育与发展、教育与科学研究等六个方面来研究未来教育的发展方向，并涉及正规教育系统、教师与教学过程、经费筹措与管理、国际合作等横向专题。国际21世纪教育委员会认为在未来的社会里，教育比任何时候都更加处于人和社会发展的关键位置。面对未来社会的发展，教育必须围绕"学会认知""学会做事""学会共同生活""学会生存"四种基本能力进行重新设计和重新组织。在经济增长中扮演重要角色的同时，教育不能回避其促进人的发展的根本职能。《教育——财富蕴藏其中》试图回答21世纪教育将会遇到的挑战，从宏观视野关注世界教育问题，提出了教育社会化、大众化、多样化、个性化以及教育信息化等策略和发展趋势，为教育决策者提供了教育改革和行动的依据。

终身教育与四大支柱

人的一生被划分为儿童期、青年期、从事职业时期和退休时期，前两个阶段被认为是接受学校教育的主要时期。但是，随着知识的大爆炸，这种划分方式不再符合实际情况，在学校期间接受的教育已经无法让个人受益一生。教育不再是固定在某一阶段的活动，而是贯穿人的一生，从童年到生命的终止。只有这样才能适应职业需要，才能"进一步控制不断变化的个人生活的节奏和阶段"[1]。国际21世纪教育委员会将"与生命有共同外延并已扩展到社会各个方面的这种连续性教育称为'终身教育'"[2]。20世纪70年代，法国著名

---

[1] 联合国教科文组织编《教育——财富蕴藏其中（第二版）》，联合国教科文组织总部中文科译，教育科学出版社，2014，第62页。

[2] 同上书，第61页。

教育思想家朗格朗提出终身教育①概念，他认为教育是一个整体，教育贯穿于从生命开始到生命结束的全过程，终身教育涵盖了教育的各个方面、各种范围，也包括在教育发展过程中各点与各阶段间的紧密联系。联合国教科文组织在1970年正式将终身教育理念推荐给各成员国，终身教育由此成为联合国教科文组织重点关注的教育议题之一。《教育——财富蕴藏其中》报告重申终身教育，认为终身教育建立在学会认知、学会做事、学会共同生活、学会生存四大支柱的基础之上，对终身教育内涵的关注逐渐转向人作为主体的生存与发展需要之上，强调以学习者为中心，主张学习者自主、自由地学习，将终身教育视为打开21世纪光明之门的钥匙。

学会认知既是一种人生手段，也是一种人生目的。学会认知的途径是"将掌握足够广泛的普通知识与深入研究少数学科结合起来"②，即专业化研究与普通文化知识的学习相结合。这一过程，促使个体学会学习，使个体能主动从终身教育提供的机会中受益。学会做事则与职业培训问题紧密联系。随着经济的进一步发展，产业结构模式调整，大批新的企业和新的就业机会被创造出来，这意味着未来工作变化具有不可预测性，传统的为工作岗位培养专门人才的做法无法适应就业结构调整的需要。因此，学会做事不是培养个体从事某一特定工作的能力，而是培养个体能够适应不同情况的能力和集体工作能力。学会共同生活被视为当今世界教育面临的重大要求之一，终身教育要引导个体学会与群体一起生活。全球化的发展使得世界变成一个"你中有我，我中有你"的地球村，然而暴力与冲突依旧存在，阻碍着人类社会的发展。教育的使命应教会学生尊重人类的多样性、理解他人，小到学校内学生与学生、教师与学生之间人际关系的维护，大到国际性理解与包容，通过增进不同文

① 保尔·朗格朗：《终身教育引论》，周南照、陈树清译，中国对外翻译出版公司，1985，第15—16页。

② 联合国教科文组织编《教育——财富蕴藏其中（第二版）》，联合国教科文组织总部中文科译，教育科学出版社，2014，第59页。

化背景、不同种族、不同宗教信仰的人群之间相互理解与包容，加强他们之间的合作，从而共同处理全球存在的共同问题。学会生存建立在前三种学习基础之上，是它们的主要表现形式。国际21世纪教育委员会强调教育必须促进每个人的全面发展，教育的使命是发掘每个人的潜力和才能，学习是人类的内在财富。学校要给予学生各种可能的实践机会和发现机会，以及发展想象力和创造力的机会，防止教学的功利倾向。学会生存是终身教育的最终目标。学会认知、学会做事、学会共同生活、学会生存相互联系、相互渗透，四者不限于某一人生阶段，不囿于家庭、学校或社区等某一场所，它们是建立未来终身教育社会的四大支柱。

终身教育强调"对教育的各个阶段和领域应作重新思考，使其相互补充，相互渗透，从而使每个人在一生中能够充分利用范围不断扩大的教育环境"[①]。营造终身教育社会，需要以四大支柱为目标、为导向，重新思考教育，改革教育的体制、结构、内容和方法。教育应被视为激发学习的过程，是终身的整体经验。每个人都是终身学习者，这种学习是人自身发展和社会发展的目标，是实现高质量生活的有机组成部分。

正规教育的重要性与变革

正规教育与非正规教育都是终身教育体系不可缺少或不可替代的重要组成部分。正规教育和非正规教育并非相互对立，而是相互补充的，个体可以从不同形式的教育中获益。正规教育主要指学校教育，是学生有目的、有组织、有计划地在教育机构中接受系统的文化科学知识和思想品德训练的教育。非正规教育则是指学生在正

[①] 联合国教科文组织编《教育——财富蕴藏其中（第二版）》，联合国教科文组织总部中文科译，教育科学出版社，2014，第59页。

规教育制度以外所进行的有组织、有计划的教育活动。相较于非正规教育，正规教育有更正式的教育标准，有更明确的教育目的，以及更系统完善的学习内容。正规教育是建构终身教育体系的前提，终身教育体系在正规教育的基础上实现递进与超越。《教育——财富蕴藏其中》报告突出强调了正规教育的重要性，并以正规教育系统的改进作为解决教育政策难题的"良药"。

《教育——财富蕴藏其中》报告指出，那些保证每个人能继续学习的技能和能力，是正规教育系统内培养出来的。而正规教育系统中的基础教育，为个体后续的学习生活奠定了基础。基础教育包括学前教育和初等教育，这一阶段为个体一生的学习态度奠定基础，接受基础教育的个体"在获取有助于提高推理能力和想象力、判断能力和责任感的手段，也都在学习如何对周围世界产生浓厚的兴趣"[①]。然而，全球不同国家、不同地区的基础教育发展存在巨大差距，包括性别平等方面，即两性接受基础教育的机会存在差距。因此，保障接受基础教育成为每一个人的基本权利，成为教育发展的重要方向。教育改革需要多元主体的参与，公共权力机构除了扩大基础教育覆盖面，提高基础教育入学率外，还应为儿童尤其是女童提供保障方案，改善基础设施，解决学校用餐问题，保障儿童身心健康。学校作为儿童接受教育的直接供应者，应关照儿童的基本需求，为特殊群体、边缘化群体（如学习困难者、残疾儿童、孤儿、战争或其他灾难的受害儿童等）提供专门的帮助与指导，使这些儿童的才华得到发展。除了国家、学校外，社会也应参与到基础教育改革中，助力学校提升基础教育质量。

中等教育作为基础教育之后、高等教育之前的教育阶段，在整个国民教育体系中具有重要的地位和作用。从个体发展来看，中等

① 联合国教科文组织编《教育——财富蕴藏其中（第二版）》，联合国教科文组织总部中文科译，教育科学出版社，2014，第77页。

教育是青少年发展的关键时期，中等教育将影响个体未来的发展方向。中等教育的重要性使其受到人们的重点关注。中等教育在发展中也招致了一些批评，人们主要指责中等教育未能使更多的人获得进入高等教育阶段所需的知识与能力，也没能为他们进入职场作好准备。为此，中等教育的内容与组织形式应考虑重新安排。《教育——财富蕴藏其中》报告提出促进中等教育多样化改革的意见，即"把中等教育同培训多样化、进一步加强学习与职业活动或社会活动交替制度以及努力提高质量这三大原则联系起来"①。中等教育也应面向劳动力市场等外部需求，"并应使每个学生能根据自己的文化程度和在校学习情况调整自己的发展方向"②。

在各层次教育中，高等教育在建设可持续、有活力、和平的社会方面发挥着不可替代的战略性作用。高等教育机构是知识的保管者、创造者、传播者，大学通过向学生传递知识，培养社会所需的人才，通过科学研究不断创造新的知识，同时"大学作为科研和知识创造的自治中心，可帮助解决社会面临的某些发展问题"③。大学把教学育人、科学研究以及社会服务作为传统使命，这是大学存在的合法性依据。此外，面对大众化时代的到来，高等教育机构还需"重新审查高等教育担负的使命"④，除了高等教育传统的职能外，应将国际合作纳入高等教育的职能之中。随着全球化的进一步发展，各国之间联系日益密切，国际交流与合作进一步加强。同时，越来越多的问题演变为全球性问题，任何一个国家想要得到持续的发展都需要与其他国家共同面对。"高等教育机构在利用国际化来填补'知识空白'及丰富各国人民之间和各种文化之间对话方面，拥有很大的优势。"⑤高等教育机构有责任为全球共同利益作出贡献，并支持国内社会的发展。因此，高等教育机构应面向全球，增强国际合

---

① 联合国教科文组织编《教育——财富蕴藏其中（第二版）》，联合国教科文组织总部中文科译，教育科学出版社，2014，第88页。

② 同上书，第92页。

③ 同上书，第93页。

④ 同上。

⑤ 同上书，第96页。

作；国家之间应设立大学网络，积极创建地区性研究中心。

作为教育变革要素的教师

教师作为教育体系的基石，是教育变革中至关重要的因素。"教师作为变革的因素，在促进相互理解和宽容方面，其作用的重要性从未像今天这样不容置疑。"[①]21世纪，追求知识既是达到某种目的的手段，也是目的本身。教育鼓励学生抓住任何学习的机遇，而作为教育的主导者——教师，在教育学生迎接未来挑战、引领建设未来发展方面发挥着至关重要的作用。教育改革实践中，教师的工作职能发生了深刻的变化，这种变化提高了教师劳动的复杂性和创造性。教师作为"摆渡人"，传道、授业、解惑是其本职所在，教师的质量直接影响着人才培养的质量。家长、学生、社会对教师寄予了高度的期望，家长希望教师能够看管孩子，能够将孩子培养成才；学生期待教师能够传授新的知识，激发其学习的兴趣，教会其如何思考问题，以及从教师那里习得克服生活中重重障碍等方面的能力；社会期望教师培养出适应并能引领经济发展的高素质劳动力。"人们要求教师既有技能，又有职业精神和献身精神，这使他们肩负的责任十分重大。"[②]因此，面对现实的需要，教师队伍需要进一步发展，提升教师质量是教育变革的必经之路，无论怎样强调"教师质量的重要性都不会过分"[③]。因为，没有教师的发展，教师的使命便无法完成。

影响教师成长的途径和方式可以分为两个方面：一是外在的影响，即外部相关的制度政策对教师质量进行的把控；二是教师内在的影响，即教师的自我完善、自我发展。"提高教师的质量和积极性

[①] 联合国教科文组织编《教育——财富蕴藏其中（第二版）》，联合国教科文组织总部中文科译，教育科学出版社，2014，第102页。

[②] 同上书，第105页。

[③] 同上书，第107页。

应是所有国家的一项优先任务。"[1]在提高教师质量方面,从制度与政策层面,首先,要把好入口关,改进教师招聘工作,扩大教师招聘的范围。其次,加强对在职教师的培训。加强中小学教育机构与大学之间的联系,增加中小学教师到大学学习的机会。通过各种在职培训计划,帮助教师掌握最前沿的教学技术与教学方法。再次,利用监督与评估在教师质量建设中的作用,将教师教学质量评价与奖惩制度相结合。最后,要为教师质量的提升提供必要的条件,满足教师个体发展需求。马斯洛需求层次理论认为只有在满足基本需求的基础上,人们才会有足够的动力去追求自我实现。因此,"为了挽留优秀教师继续任教,应向他们提供令人满意的工作条件和与其他要求同等教育水平的职业类别相同的报酬"[2]。此外,还应为教师提供能够促进其改进教学的有利条件,如先进的教学设备、优质的教材等,并鼓励教师之间的合作,提升教师的社会地位,给予教师更多的权力,包括参与学校行政管理的权力以及参与教育问题决策的权力等。

教师内在的自我完善同样影响着教育教学质量。其中最为显著的是教师如何处理与学生之间关系的能力。"师生关系旨在本着尊重学生自主性的精神,使他们的人格得到充分发展。"[3]因此,教师在与学生相处过程中应建立起平等、尊重、理解、对话的主体间关系,"教师要和学生建立一种新的关系,从'独奏者'的角色过渡到'伴奏者'的角色"[4]。教师应将受教育者从客体状态中解放出来,充分发挥学生自身的潜能与创造力。教师应与学生进行平等对话与交流,与学生在相互尊重、相互理解中共同发展。

除了为各国的正规教育系统提供改革方向,报告在最后一章指

---

[1] 联合国教科文组织编《教育——财富蕴藏其中(第二版)》,联合国教科文组织总部中文科译,教育科学出版社,2014,第108页。

[2] 同上书,第109页。

[3] 同上书,第106页。

[4] 同上书,第104页。

出国际合作在国际化发展中的重要性。国际化在给人类社会带来机遇的同时，也裹挟着全人类社会需要面对的重重困难。解决国际化问题需要多方面的努力，教育是其中的重要一种。建设美好的世界需要"借助于国际行动寻求对世界性问题的集体解决办法"[1]，因此，要想发挥教育在解决国际问题中的作用，需要将教育纳入国际合作，加强国际合作，"促使人们了解国际社会必须解决的所有问题，以及就需要协同行动的问题寻求协商一致"[2]。例如，妇女、女童平等接受教育，教育的债务转换工作等问题需要各国的共同努力。针对国际援助，报告指出应从不平等"施舍"关系转变为一种平等的伙伴关系。报告鼓励发展中国家建立高级研究中心，提升国家研究能力，促进学者的国际交流，同时采取相关政策吸引人才，竭力缩小国家之间在教育领域存在的差距。最后，报告提出了教科文组织在现代社会的新使命："促进持久发展，确保社会的内在团结，鼓励各级的民主参与或适应国际化的迫切需要。"[3]

佳句赏读

1. "真正多文化的教育应当既能满足全球和国家一体化的迫切需要，又能满足农村或城市具有自己文化的特定社区的特殊需要。"[4]

2. "如果最初的教育提供了有助于终身继续在工作之中和工作之外学习的动力与基础，那么就可以认为这种教育是成功的。"[5]

3. "终身教育是不断造就人、不断扩展其知识和才能以及不断培养其判断能力和行动能力的过程。"[6]

4. "教育系统的首要目标，应是减少来自社会边缘和处境不利

---

[1] 联合国教科文组织编《教育——财富蕴藏其中（第二版）》，联合国教科文组织总部中文科译，教育科学出版社，2014，第139页。

[2] 同上书，第138页。

[3] 同上书，第148页。

[4] 同上书，第183页。

[5] 同上书，第52页。

[6] 同上书，第63页。

阶层的儿童在社会上易受伤害的程度,以便打破贫困和排斥现象的恶性循环。"[1]

5. "教育政策应是长期性的政策,这意味着在选择和实行改革方面要能保证连续性。"[2]

---

[1] 联合国教科文组织编《教育——财富蕴藏其中(第二版)》,联合国教科文组织总部中文科译,教育科学出版社,2014,第98页。

[2] 同上书,第120页。

佐藤学和
《静悄悄的革命——课堂改变,学校就会改变》

当前,我们正在向追求高质量素质教育的学习迈进,面对学生"学校不快乐"的呼声,一线教育工作者应该如何投入这场活动?

评判优秀教育实践的标准是什么?教师应该怎样去倾听、理解学生?

我们应该如何把学校变成"学习共同体"?如何创造以"学"为中心的教学?

....

来自日本东京大学的佐藤学教授遍访日本各地学校,与一线校长、教师密切交流,通过几十年的研究和实践发现,日本的学校正在以综合学习课程为旗帜进行"静悄悄的革命",着力创建"学习共同体",为各国教育工作者提供了有益的借鉴和参考。

佐藤学（1951—）是当今日本学校教育领域，甚至世界基础教育研究领域颇具影响力的人物。他出生于日本广岛县一个富裕的家庭，祖父曾是日本的政治家。高中就读于当地有名的福山中学，并以优异成绩考入东京大学，在东京大学获得了教育学学士、硕士和博士学位。刚毕业的他曾在三重大学做讲师和副教授，后任东京大学教育学研究科教授，历任东京大学教育学研究科科长、教育学部部长以及日本教育学会会长，还是全美教育学术会员及美国教育研究学会终身名誉会员。

众所周知，日本一向重视教育，1900年就完成了义务教育的普及。在经济合作与发展组织的国际学生评估项目测试中，日本始终站在第一梯队。但是到了二十世纪七八十年代，日本的学校教育出现了巨大的危机，学校荒芜、学生逃学、班级崩溃的现象屡屡见诸报端，社会把矛头直指学校和教师。正是这样的时代背景激发了佐藤学的研究斗志，激励其尝试改变现状。

在早期，佐藤学倾向于理论研究，专注于美国课程史研究。他对杜威非常钦佩，特别是杜威创办芝加哥实验学校以非凡的勇气去改造教育现实之举。受杜威的影响，佐藤学走出象牙塔，从理论走向实践，走到中小学课堂中去。他选择以中小学教师教育为突破口，认为基础教育是塑造人的关键，给基础教育以正向的指导将会影响一批人甚至一代人。

2006年，佐藤学在东京大学教育学研究科创办"学校教育高度化"专业，主要负责该专业的研究和教学工作。秉持"实践性""综合性""合作性"研究理念，佐藤学带领该专业研究人员对学校中存在的各种问题开展项目式研究。"学校教育高度化"专业包括教职专业性的高度化、教育内容高度化与学校开发政策高度化三个分支，以培养兼具教育实践能力和研究能力的教育研究者和教师为目标。

在佐藤学的研究室里经常可以看到很多来访的教师、学生和校长，他们希望可以得到佐藤学的指导和帮助。佐藤学不但是课堂教学专家，还是学校发展诊断专家，很多学校都在他的帮助下扭转了局面，逐渐恢复了生机和活力。比如，滨之乡小学、常盘松中学、岳阳初中、青山小学等，从佐藤学的《学习的快乐——走向快乐》《学校的挑战——创建学习共同体》等书中也能看到这些事例。韩国、中国等亚洲的很多国家和地区也在不同程度地进行着类似的改革，可以说一场"静悄悄的革命"正在亚洲范围内开展，而佐藤学就是这场革命的引领者。

《静悄悄的革命——课堂改变，学校就会改变》是佐藤学关于课程与学习共同体研究的一部力作。该书篇幅不大，共有四个章节，佐藤学结合多年的教育改革实践，从教室里出现的实际问题入手，探讨了日本学校教育的问题和课题，在改变课堂、重建课程、改进教研活动、加强学校与家长的密切联系等方面提出了诸多创见，以实际的学校案例展示了学习共同体学校的发展蓝图。佐藤学相信："改变教学、改变学校的条件绝不是遥不可及的，而使其实现的条件乃存在于所有的教室中，存在于所有的学校中。"[1]他对学习共同体的研究和构建有助于缓解现代学校教育的危机，指引未来学校改革的方向。

破除学生的"主体性"神话，让"应对"成为课堂的中心

通过多年的教育观察和学校改革实践研究，佐藤学从学校教育的最突出问题入手，以从观念上破除学生的"主体性"神话为学校改革的基本前提。一般而言，教学由学生、教师、教材、学习环境四个要素构成，培育学生成为自立的、自律的学习者是教育的一大

---

[1] 佐藤学:《静悄悄的革命——课堂改变，学校就会改变》，李季湄译，教育科学出版社，2014，前言第6页。

目标，让学生自主地设定课题、主动探索、自己解决问题是理想的教学形态，佐藤学认为任何人对此都不会有异议。尽管如此，佐藤学还指出，现实情况却是自第二次世界大战后的新教育运动，学生的主体性依然被大一统的教学形式支配着，教学中的形式主义使得学生与教师的互动、与教材以及学习环境的联系等割裂开来，学生成为"悬在半空中的主体"，以致"教育成为仅仅针对学生的需要、愿望、态度等学生自身的性格取向来进行的神话，成为把学习理想化为只由学生内部的'主体性'来实现的神话"[1]。佐藤学指出："在教材、学生、教师等同时介入的教学过程中，单将其理想化是不行的。学生自立、自律的学习必须在与教师的互动中，在与教材、教室中的学生以及学习环境的关系中来加以认识。学习只在与教师、教材、学生、环境的相互关系中，才能够得以生成、发展。"[2]

如何克服学生的"主体性"神话？以佐藤学之见，关键是开展以"应对"为中心的学习和教学，即以学生的个性化学习为中心，向着活动的、合作的、反思的学习方式转变。具体来说，倾听和交往是"应对"的两大要素，这一方面要求教师以慎重的、礼貌的、倾听的姿态面对每一个学生，站在欣赏、体味学生发言的立场，在组织、引导学生发言之前仔细地倾听和欣赏每一个学生的声音，建立亲密的人与人之间的关系和润泽的教室；另一方面则要求教师鼓励学生之间的交往，提出具体的学习任务以诱发学习，组织交流各种各样的意见或发现，开展多样化的学习活动，让学生相互交流、相互启发、相同探究。基于此，佐藤学提出"服装剪裁"和"交响乐团"相结合的教学方法，认为这样的教学既能给学生的个体差异以关注，又能促进学生之间思想和观点的碰撞，实现学生之间富有内涵的相互学习和共同成长，真正发挥学生的主体作用。

---

[1] 佐藤学：《静悄悄的革命——课堂改变，学校就会改变》，李季湄译，教育科学出版社，2014，第12页。

[2] 同上书，第13页。

改变学校从改变教学开始

佐藤学以改进教学作为改革学校的切入点。与以往从改革教材、教法入手的思路不同，佐藤学认为改进教研活动，建立相互开放的教室是第一步，即"在校内建立所有教师一年一次的、在同事面前上公开课的体制"，让"教师间彼此敞开教室的大门，每个教师都作为教育专家而共同构建一种互相促进学习的'合作性同事'关系"，[①]由此在相互观摩学习和批评的过程中促进教学、课堂和师生关系的全面改善。

佐藤学认识到，教育改革是一个长期的过程，要让学校有所转变，至少需要三年的时间进行沉淀："第一年，在学校里建立起教师间公开授课的校内教研体制；第二年，提高研讨会的质量，以授课方式和教研活动为中心，重新建构学校的内部组织、机构；第三年，以学生和教师有目共睹的转变为依据，把新的授课方式和课程设置正式固定下来。"[②]至少通过如此三年的教研活动，学校才可能成为一所像样的学校。佐藤学进一步明确了校内教研活动的三个原则，即"应对学生的教学""创设以听为中心的教室"和"教师持有自己明确的课题的教学研究"。具体地说，教师对待每个学生的态度问题应首先成为教研工作的关注点。教师与学生之间、学生与学生之间应建立起相互尊重、互相影响的互动关系，在教室里形成一种每个学生都能安心上课、彼此之间都能互相勉励的学习氛围，每个学生都能放心地打开心扉，每个学生的差异都被看到；而这种和谐应对活动的形成，倾听是关键。佐藤学要求教师必须十分敏感地倾听各种不同意见并作出回应，视学生的每一句话都如珠玉般宝贵并给予尊重，消除粗话或含义不清的言辞，精心选择那些能给每个学生留

---

① 佐藤学：《静悄悄的革命——课堂改变，学校就会改变》，李季湄译，教育科学出版社，2014，第50页。

② 同上书，第49页。

下深刻印象的言语来上课。在他看来,"如果能让教室的空气远离浮躁,让学生自然平静的声音重新回到教室,并且教师能够通过对每个学生言行的恰当对应而创造出平和气息的教室来,那么,无论是使用什么样的教材,都能实现与其内容相应的自立的学习、合作的学习"[1]。同时,佐藤学也主张教师应带着自己的课题致力于教学研究,让教学具有创造性。

为了让教研活动成为学校运营的核心,佐藤学主张简化学校机构和组织,并将之作为第二年改革的重点。他认为由此能够避免教师作为教育专家的工作变得空洞化和教师周边的杂务扩大化。佐藤学还指出学校内部的变革必须有来自外部的支持,倡导学校向家长、向社区开放,认真听取校外人士建议,开展"参与学习",在明确各自责任的基础上建立教师与家长之间的团结合作关系,为打造学习共同体而一起努力。

创造以学为中心的课程,推进综合学习

佐藤学对课程进行了重新阐释,他认为课程是学校独立性和个性的集中体现,它既不是教材概要,亦非国家规定的学科计划,而是"学习的经验""学习的轨迹"。[2]佐藤学据此提出"以学为中心"的课程,进行"活动的、合作的、反思的学习"。

根据佐藤学的表述,"所谓学习,是与作为教育内容的对象世界(物)的接触与对话,是与在此过程中发展的其他学生的或教师的认识的接触与对话,是与新的自我的接触与对话。学习是通过创造世界(认知的实践)、人际交往(交往的实践)和完善自我(自我内在的实践)这三种对话性实践而完成的"[3]。传统学校中,按照"目标—达成—评价"的步骤组织的"阶梯型"课程,更偏重教师的教,难

---

[1] 佐藤学:《静悄悄的革命——课堂改变,学校就会改变》,李季湄译,教育科学出版社,2014,第59页。

[2] 同上书,第83—84页。

[3] 同上书,第85页。

以凸显学生的学。佐藤学认为，如果以"学的课程"为中心来设计课程，那么创造课程的中心课题就应该包括以学生的认知兴趣和需要为基础的单元主题、作为主题探究的资源的素材或材料，以及促进学生的探求和交流活动的学习环境等。佐藤学由此引出"综合学习"课程的概念，认为综合学习是进行三个对话——"与主题对话""与地区人们或教室里的同伴对话""与自己对话"的实践学习，即实现"与题材对话""与同伴对话""与自己对话"这种学习的突破。[①] 综合学习的核心是把课程的单元放在"主题·探究·表现"的模式中加以设计，即创造"登山型"课程，使学生能用多种多样的方式表现和共享自己的研究成果，在教室中展开多元的、合作的、探究的学习。佐藤学进一步指出综合学习课程并不局限于"学科的综合"的横向倾向，如广见的小学以"污水"为主题的综合学习，这种学生与地区的"综合"、教室与地区的"综合"、教师与学生的"综合"、教师与家长的"综合"皆属于综合学习的范畴。综合学习课程的意义在于能够以信息教育、环境教育、国际理解教育和福利教育培养具有全球视野的公民，在探究的活动中塑造解决问题的思维。

创造综合学习课程对教师提出了新的要求。鉴于"综合学习是一种没有正确答案的学习"，"综合学习最大的魅力就在于从活生生的现实出发进行学习"，"不是为了还原到'自主性''自我解决'上去，而是要在教师的帮助下，把学生组织到其个人无法进行的、合作的学习活动中去"，[②]佐藤学十分强调教师的责任意识和能力，认为教师应帮助设计好每一个学生的学习，且具备能基于"事实"进行"探究"的素质。佐藤学直言："综合学习能否成功取决于教师自己能否与学生一起共同愉快地学习，这一点比什么都重要。不管教材如何出色，不管资料准备得如何丰富，不管指导方案制订得如何

① 佐藤学:《静悄悄的革命——课堂改变，学校就会改变》，李季湄译，教育科学出版社，2014，第114页。

② 同上书，第99、101、104页。

完美，如果教师自己不能与学生一起愉快地学习的话，那么学生的学习也就得不到发展。"[1]佐藤学所提倡的课程建设是通过教师的协同推进而完成的，教室里的学习创造和作为校内研讨而进行的教学案例研究都是创造课程的具体过程。这一理念在日本滨之乡小学得到了充分验证，为集学习、教学和研究于一体的未来学校提供了样板。

在该书的最后，佐藤学将依此思路进行成功改革的实践呈现出来，如郡山市金透小学落实"量体裁衣"与"交响乐演奏"相结合的方法，小千谷小学建立开放式教室的尝试，福井大学附中进行综合学习的实践，长冈市南中学由对话创立学校文化，等等。尤其是滨之乡小学的成功实践，该校的改革曾两次被教育电视台特别报道，后来通过报纸、杂志、书籍在日本国内广泛流传，甚至当地参照该校经验制定了该地区学校改革十年计划，推动了日本各地学校以滨之乡小学为榜样进行学校改革工作。佐藤学认为这些都为"学习共同体"学校的打造提供了实践样板，他所倡议的倾听教学、综合学习课程，开展活动的、合作的、反思的学习实践，打造开放性和润泽的教室，建立教师作为教育专家的、自律的、共同成长的"合作性同事关系"的改革思路，构成了未来学校的基本模式。

佳句赏读

1. "互相倾听是互相学习的基础。教师往往想让学生多多发言，但实际上，仔细地倾听每个学生的发言，在此基础上开展指导，远远比前者更重要。"[2]

2. "在教室里，与对物对人的冷漠做斗争的实践，应成为以

---

[1] 佐藤学：《静悄悄的革命——课堂改变，学校就会改变》，李季湄译，教育科学出版社，2014，第96页。

[2] 佐藤学：《静悄悄的革命——创造活动、合作、反思的综合学习课程》，李季湄译，长春出版社，2003，第71页。

'学'为中心的教学的中心课题。在这个世界上,存在着无数值得学习的东西,与同伴一起相互学习具有无限丰富的内容,通过这种学习,我们能够改变自己的人生,也能够改变我们所生活的世界。"①

3."学校教育的单元有必要设计为以'主题·探求·表现'为单位的'登山型'课程。"②

4."课程建设所需要的不是僵化的头脑,而是充满活力的躯体,是和同事们合作、亲手共建的快乐感。"③

5."学校的变化只能从其内部开始发生。为了能让学校从内部发生变化,首先必须让学校和教室向地区、家长、市民开放。"④

---

① 佐藤学:《静悄悄的革命——课堂改变,学校就会改变》,李季湄译,教育科学出版社,2014,第33页。

② 同上书,第86页。

③ 同上书,第113页。

④ 同上书,第126页。

范梅南和
《教学机智——教育智慧的意蕴》

今天的年轻一代生活在极具不确定性的环境中，给教育者带来了意想不到的挑战，教育儿童的行为该如何推进？教师应如何履行好"替代父母"的责任？教师如何做到"机智"地教育儿童？

教育机智是什么？教育机智是怎样表现出来的？教育机智又是如何实现自己的目的的？

在20世纪末时代交替之际，社会环境发生巨大变化，北美现象学教育学领域的马克斯·范梅南，将现象哲学运用于教育之中，从现象学角度重新解读教育学，辅之以教育经历，对教育学的方方面面做了深刻与有益的思考，为父母、教师及其他教育工作者提供了具体的儿童教育路径。

马克斯·范梅南（1942—）是加拿大著名教育家，现象学教育学的开创者。作为世界著名教育家、教育哲学家、课程论专家和人文科学研究方法论专家，范梅南的教育学论著颇多，最具影响力的是《教学机智——教育智慧的意蕴》《生活体验之研究——人文科学视野中的教育学》《儿童的秘密——秘密、隐私和自我的重新认识》等，他的许多著作和研究成果被翻译成汉语、德语、西班牙语、葡萄牙语、日语等，在世界范围内产生了深远的影响。范梅南出生并成长在荷兰的希尔弗瑟姆，在那里他获得了国立教育学院的教师资格。1967年移民加拿大，在埃德蒙顿公立学校教书，同时在艾伯塔大学教育学院修读，拿到了硕士（1971年）、博士（1973年）学位。范梅南对于欧洲大陆的人文科学学术传统研究甚深，在进行方法论探索的同时，他将现象学理论和方法运用至北美教育研究领域，并推动现象学教育学在世界范围内的传播。现象学教育学作为一个教育流派，是现象学运动在教育领域的运用，即使用现象学理论和研究方法来探讨教育方面的问题，这是教育学史上一场方法论革命。现象学是由德国哲学家胡塞尔创立的，范梅南将现象学的方法运用到对教育学的思考当中，又"脱离了胡塞尔的'纯粹意识'，将研究目光转向了学生的生活世界，关注成人与儿童的交往时的最初体验"[1]。同时对情境做出自己的评论，然后对评论进行主题分析，从而形成新的现象学教育学体系。生活体验是现象学教育学探索的源头和核心，现象学研究过程就是对生活体验本质的探索。范梅南认为现象学教育学就是让人们摆脱理论和预设的概念，将人们的成见和已有看法、观点先搁置起来，并进行有益的反思，形成一种对具体教育情境的敏感性和果断性反思。在范梅南的教师之教的教育学中，他创造了两个独特的概念——教育智慧和教学机智。教师要获

[1] 陈莉娟:《范梅南现象学教育学思想综述》，《西北成人教育学院学报》2016年第1期。

得的不是一般的教育知识和理论，而是在体验和实践中获得的教育智慧，这是一种意识品质——理论自觉的意识品质。机智是教育智慧的自然外显，并不需要什么中介。对于教育者来说，对儿童的影响是通过教育体验来实现的。教育体验从形式上可以分为教育情境、教育关系和教育行动，其最终目的是理解与孩子共处情境之中的教育意义，形成一个人的教育思想和教学机智。他认为，教育活动始终是前反思、前理论、情境性、实践性的，对情境的把握则需要教师的实践智慧，这种智慧来源于深切地体验、理解孩子的生活与现实。

"教育家暗示儿童和成人之间的边界已逐渐模糊，而童年时代，作为人生发展的阶段，也在逐渐消失。"[1]这给儿童的成长与发展带来了重重挑战。由此，范梅南以其独到的现象学研究方法和敏锐的教育经验，撰写《教学机智——教育智慧的意蕴》一书，从现象学教育学角度，以教师、父母和学生的经历为原材料，对教育学的诸多方面进行了反思，为培养儿童提出了新的建议与具体行动。他在书中提出了很多新型的教育学思想和概念，如"教育机智""教师替代父母关系""教育情绪""教育生活的体验"等，引起了教育界、学术界的广泛关注。正如范梅南所期望的，《教学机智——教育智慧的意蕴》对于那些初为人师者，那些有经验的教师和儿童教育家，以及父母等都极具启发性。该书共分为9章，主要围绕教学机智话题展开，让读者更深刻地意识到一个拥有教学机智的教师所给予儿童的不仅仅是知识与能力，还教育孩子学会生存。

新型教育学

范梅南基于人文科学视域创建新型教育学，尝试重构教育学理

---

[1] 马克斯·范梅南：《教学机智——教育智慧的意蕴》，李树英译，教育科学出版社，2001，第3页。

论，引导教育学者重新认识儿童的教育问题。他的思想充满了人文主义关怀，纠正了功利主义和实用主义控制下的北美教育理论。正如范梅南在开篇中所写："更重要的是，我希望本书能帮助我们优先考虑孩子们的幸福，认真地对待年轻人，始终能从孩子们的角度来考虑教育方面的问题。"[①]教育是成年人与未成年的儿童、学生之间的交往，儿童不是一个空白的容器，成年人需要根据儿童的实际生活有针对性地进行教育。范梅南的新型教育学强调以生为本，帮助教育者将儿童的发展置于优先位置。新型教育学是要教会教育者从儿童的角度来思考问题，反思教育行为。不同于传统意义上的教学、课程、教授，新型教育学概念涵盖更大的范围，包括成年人与儿童之间的所有实际活动关系，同时也包括学校的学习活动。新型教育学承认成年人与儿童之间存在亲密的学习关系，并"易于找出教育和抚养孩子的人性的或者说个性的因素"[②]。即新型教育学要求教师在教育儿童、父母在养育儿童过程中要尊重儿童的个性、独特性。

范梅南指出："教育学从根本上讲既不是一门科学，也不是一门技术。不幸的是，人们常常喜欢用经验科学的方式来对待它。"[③]教育学是一门具有规范性的人文学科。范梅南批判以追求同一性为旨趣的"科学观"，认为这种所谓的"科学"最终导致"无人"的教育学倾向，他所提出的新型教育学能够捍卫个人的独特性。他强调教育学在本质上是一门实践的学问，教育学不能从理论中寻找，而应在生活的世界中寻找。在他看来，教育学就是教育主体对教育客体的一种实践努力，但在实践中不是随意的，而是有一定的规范性。"它展示了成人是如何地指向于儿童，以及成人如何地履行（或没能履行）自己的责任。"[④]教育学关乎成人与儿童相处的学问，教育最终要回归人的主体性生成以及生命的发展意义上。因而，规范性是

---

① 马克斯·范梅南：《教学机智——教育智慧的意蕴》，李树英译，教育科学出版社，2001，序言第2页。

② 同上书，第40页。

③ 同上书，第13页。

④ 同上书，第21页。

教育学的起点和归宿。教育学必须具有价值的规约性,即教育学要求教育者关注人的想象、价值、道德、情感等精神。教育学还是一种伦理性活动,教育者需要以良好的、恰当的方式为受教育者提供引导。此外,范梅南指出教育学涉及对影响施加影响,并阐释了教育影响的魅力,所谓的"教育学意向就是尽最大可能地加强儿童的任何积极意向和品质"[1]。

教育学意向是成人面对儿童成长发展需要时主动的回应,不仅成年人有意向,儿童自己也有意向,但成人与儿童的意向是不同的,成人在教育中应考虑儿童的意向。

总体上,范梅南认为教育学理论并非追求一般的规律性理论和操作守则,教育学是教育的实践哲学。范梅南建构的新型教育学超越了传统教育概念的狭义规定性,同时还试图在实践意义上建构教育理论。范梅南从现象学视角重新审视教育学,深化人们对教育学性质、教育理论性质等问题的思考。

"替代父母"的教师

教师是儿童发展的主要教育者,从其角色看,教师要承担起双重角色。首先,作为教师本体所应具备的基本能力,即教师作为教育者应承担教书育人的任务。其次,教师被赋予"替代父母"的角色。父母在儿童的成长过程中扮演着重要的角色,承担着主要责任。然而,受各种现实因素的影响,父母对儿童的支持与影响很少,儿童的成长需要第三方来帮助父母履行这一责任。因此,教师与被教的儿童之间形成一种"替代父母"的关系,即"教师的教育关系是一种替代家长的关系"[2]。教师在与儿童相处中需要履行"替代父

---

[1] 马克斯·范梅南:《教学机智——教育智慧的意蕴》,李树英译,教育科学出版社,2001,第27页。

[2] 同上书,第103页。

母"的责任。"教师的含义就是他们必须不断地提醒自己留意自己与孩子之间的'替代父母'的关系。专业教育者必须尽可能协助儿童的父母完成其主要的育人责任。"[1]"替代父母"是范梅南新型智慧教育学体系中作为专业教育者教师所应承担的责任，也是该书的理论基点。范梅南以此为基础展开教育智慧和教育机智论述。范梅南认为："教育的智慧性是一种以儿童为指向的多方面的、复杂的关心品质。这是人的崇高使命。"[2]在范梅南看来，让一名教师成长为真正的教育者，正是他对孩子的关爱、希望和责任，这和父母的情感体验在根本上是相同的。教师对儿童拥有较强的影响力，一方面，教师对儿童的教育影响儿童未来对社会的态度及其道德责任感；另一方面，教师自身的言行会潜移默化地影响儿童。教师的替代关系对教师的责任提出了要求，教师应尊重、关爱儿童，在智慧型教育学体系中，教师要学会反思，还要学会理解儿童，聆听儿童，并对教育保持高敏感性。

首先，交往的双方具有独立性，教师与儿童之间的"替代父母"关系是自愿性、双向性的，这便要求教师与儿童在关系中是平等的。不论从引路人角度，还是从儿童自身角度看，"教育意义上的权威是孩子们给予成人的责任"[3]。因此，教育中的权威不是来自教师，而是源自儿童，只有儿童真正获得了发展，才能说教师是有权威的。这要求教师能够关心儿童、爱护儿童，帮助儿童强化主体意识，从而更有效地施以教育。"替代父母"关系是教师在与儿童的朝夕相处中产生的，教师应是坐在关爱儿童的位置上的人。

其次，教师要学会反思。"反思含有对行动方案进行深思熟虑、选择和作出抉择的意味。"[4]教学需要回到教育本身中去，这依赖于

---

[1] 马克斯·范梅南：《教学机智——教育智慧的意蕴》，李树英译，教育科学出版社，2001，第8页。

[2] 同上书，第12页。

[3] 同上书，第94页。

[4] 同上书，第131页。

教者的反思力，反思力是教师教育素养不断提升的起点。教师的教育素养是在反思性教育实践中获得的，这种反思性实践具有教育学指向。范梅南提出的反思包括行动前的反思、行动中的反思、全身心的关注和行动后（追溯型）的反思。行动前的反思是教师在面对不确定性教育情境下，以期望的结果或是以学生为中心的反思，从而提前制订行动计划。一定的计划是教学所必需的，能以有意义的方式做好教育准备，从而更好地服务于儿童。但同时，范梅南意识到计划的制订一定程度上可能会被限制在特定教育情境下的教学活动中，教育的发展被框定在某种预设条件之下。因为"计划的一个特点是，从某种意义上说，它将每一个主体变成物化了的客体。甚至作为计划对象的孩子也变成了一个客体，他的行为和反应被我们以一种更加操纵的、可预见性的方式来加以考虑"[1]。行动中的反思是一种现场决策的反思，这对于有经验的教师来说已成为一种隐含或直觉的能力。行动中的反思反映了教师的教学机智，也反映了教师的自我监控能力。全身心的关注由交互作用的教育时机构成，教育行动中的瞬间反思既不是在行动间断的时刻发生，也不是与行动并行发生的。范梅南将其视为智慧性行动，即教育者以其原有的在场经验来处理不同现实情境中的问题。行动后的反思又被称为追溯型反思，这种反思有助于教师理解过去的经历，使教师成为更加有经验的实践者。

最后，教师要学会理解，学会聆听，保持敏感性。教育学思想是一种反思能力，而教育学理解则强调教师对于具体情境的体验意义。"教育学理解的一个常见特征就是感知和聆听孩子的能力。"[2]范梅南依据不同的情形，将感知和聆听划分为不同类型，包括：非判断性理解、分析性理解、发展性理解、教育性理解以及形成性理解。

---

[1] 马克斯·范梅南：《教学机智——教育智慧的意蕴》，李树英译，教育科学出版社，2001，第138页。

[2] 同上书，第113页。

非判断性理解要求教师与儿童建立友谊平等关系，鼓励儿童表达自己的想法，并与儿童探讨他们所关心的事情，让儿童知道他们被尊重与认可。发展性理解不仅要求教师拥有一定的心理学、社会学知识，还需要知道"怎样帮助一个具体的孩子在具体的情境当中克服障碍"[1]。分析性理解要求教师有能力将儿童潜在的负面的情感转化成个人成长的积极力量，能够化负向影响为正向激励。教育性理解是指教师除了对儿童知识能力进行评估外，还需要对儿童社会和情感发展中的优劣情况作出评估，从而更加全面地理解儿童。形成性理解要求教师对儿童进行全面、亲密的认识，是教师"对儿童生活的更深层的和充满意义的各方面的意识"[2]。这些理解能力均是一名优秀教师所应具备的。"教育学理解其中一个因素就是具备洞觉儿童内心世界的能力。为了达到这一点，成人首先必须能够以一种开放性的、让人感到温暖的接受性的方式来聆听孩子的倾诉。"[3]以上各类理解能力的获取需要教师具备可信任的同情心品质。

教育机智

教育机智是范梅南在书中提出的核心概念。机智是个体知道如何作出适当行为的能力和品质，它在人际交往之中起着规范作用，同样也适用于成人与孩子的互动中，即儿童的教育之中。由此，范梅南提出了教育机智。在书中，范梅南阐明教育机智是什么，其本质何在，以及教育机智有何作用、如何实施，为各类教育者在与儿童的教育互动中提供参考。

机智突出的是整体性，它包括了心灵、情感和身体。机智是一种具有"他者性"的实践，要求行为者在作出行为之际要考虑他

---

[1] 马克斯·范梅南：《教学机智——教育智慧的意蕴》，李树英译，教育科学出版社，2001，第119页。

[2] 同上书，第126页。

[3] 同上书，第117页。

者,"有机智就是能够将他人的感情考虑进来"①。智慧和倾心的关注是机智的基础条件。此外,虽然机智是一种在与他人相处时的临场智慧和才艺,但机智并非随意的,而是具有一定的规范性,机智要求行为者能够读懂社会情境,以作出恰当行为,并要知道他人是如何体验一个情境的。

范梅南虽然不是第一个将机智引入教育领域的学者,但却对教育机智作出了详细的描述。机智在教育领域中,"是一种教育学上的机智和天赋,它使教育者有可能将一个没有成效的、没有希望的,甚至有危害的情境转换成一个从教育意义上说积极的事件"②。教育中的机智是教育者在与儿童相处中,能够在关心儿童、尊重儿童、有耐心地对待儿童、真正能够换位思考的情况下,对儿童作出适当的教育行为。教育机智,主要体现在教师与儿童相处时的关心取向上,这是一切教育机智的核心。教育机智不同于社会机智的根本在于:社会机智讲求交互性与对称性,而教育机智具有非对称性,不能期望儿童有教育机智,因此,"教育机智是一种我们拥有责任的表达方式,我们以此来保护、教育和帮助孩子成长"③。有机智的教育具有以下作用:一是能够为儿童保留空间,在儿童成长过程中能够机智地撤出,必要时又能随时在场;二是保护儿童存在的脆弱一面;三是防止儿童受到伤害或者能够将儿童感知的伤害降到最低;四是能够促进儿童作为整体人的发展;五是能够唤醒儿童内心深处的情感和力量,使好的品质得到巩固发展;六是加强儿童的独特之处,帮助儿童提升自我认知,看到自己的与众不同之处;七是能够使儿童形成个人责任感,促进儿童的学习和个性成长。那么,教育者如何才能够做到有机智的教育呢?范梅南提出机智可以通过"言语、沉默、眼神、动作、建立气氛以及树立榜样来加以调和"④。言语调

---

① 马克斯·范梅南:《教学机智——教育智慧的意蕴》,李树英译,教育科学出版社,2001,第193页。

② 同上书,第172页。

③ 同上书,第169页。

④ 同上书,第227页。

和要求教师创设一种积极的言语气氛，是儿童可以接受的言语；沉默调和不是对儿童存在的问题置之不顾，而是用耐心去对待儿童；眼神调和是用温暖和支持的目光鼓励儿童；动作调和是通过身体和动作创造一种气氛、关系和情绪；气氛调和要求教师营造有助于教与学关系的气氛；榜样调和则要求成年人应树立起榜样标杆，为儿童提供生活该如何度过的景象。总之，教育机智的提出是希望能够帮助教育者成为好老师。

范梅南借助亚里士多德的观点，强调教育学就是"善"和"美德"，并强调每一个教育者都必须具备这种优秀的品质。范梅南强调爱与关系是教育学的条件，教师在教学实践中尤其要有对教育情境的敏感和好奇，这与教师的爱和责任是密不可分的。只有把孩子当作成长变化过程中的人来爱，只有对孩子充满关爱、关心、关怀，教师才能产生关注、敏感与理解，这正是教育机智的内涵所在。爱与智慧共同构成了教师教学的实践品质。

佳句赏读

1."学校的'替代父母'的责任不仅仅是为儿童迈向外面的更大世界作准备，而且还在于保护儿童避免家庭的亲密空间中可能存在的虐待危险和种种缺陷。"[1]

2."教师以引导学生学习专业知识的方式来指向学生，给了学校的教学以教育的意义。反过来，学生需要接受教育者作为'教师'的职责；否则的话，学习的过程就失去了立足之地。"[2]

3."反思儿童生活的环境和植根于其中的价值意义，可能会有

---

[1] 马克斯·范梅南：《教学机智——教育智慧的意蕴》，李树英译，教育科学出版社，2001，第9页。

[2] 同上书，第103页。

助于我们提高我们的教育思想,并在与孩子们的日常生活中,增强我们表现出适当的教育理解的可能性。"[1]

4."对学生而言不管学习存在什么困难,做教师的都需要努力去了解学生体验困难的意义。好教师容易理解学生遇到的困难。"[2]

5."教育感知力的技能存在于智慧和机智之中。而智慧和机智是我们通过教学的实践——不仅仅是教学本身,所获得的。"[3]

---

[1] 马克斯·范梅南:《教学机智——教育智慧的意蕴》,李树英译,教育科学出版社,2001,第74—75页。

[2] 同上书,第254—255页。

[3] 同上书,第274页。

赞科夫和《教学与发展》

教师应如何看待和促进学生的发展?

课堂教学只是单纯的知识教学吗?是否应该或者必须触及学生的精神世界?

从教学促进学生精神成长的角度出发,教学方法应该注意哪些方面?

对于这些问题,20世纪的苏联教育家赞科夫通过他多年系统的教学实验或许可以给我们提供一些启发。

列奥尼德·符拉季米罗维奇·赞科夫（1901—1977）是苏联著名的教育家、心理学家，教学论方面颇有建树。国内学界关于赞科夫家庭和生平的信息非常有限。他出生于波兰的华沙，后回到莫斯科接受学校教育，并于1916年从中学毕业；他的父亲是一名俄国军官。1918年，赞科夫开始担任农村教师，1919至1922年间还担任过儿童农业营（收养和教导孤儿的机构）的教师和负责人。可以说，这段早年的经历为他积累了一些初步的教育经验，但对于深入地理解和研究教育，他已有的知识基础还远远不够。1922年，赞科夫考入了莫斯科大学，在这所著名高等学府中的学习和研究经历，为他开启了后来的教育研究事业。

1924年，苏联著名的教育心理学家维果茨基获得莫斯科大学教职，在心理学研究所担任研究员。赞科夫开始受到维果茨基的指导和影响，并于1925年成为心理学研究所的研究生，追随维果茨基开展心理学实验和研究，特别是关于缺陷儿童的研究，由此，"心理学成了赞科夫向着摘取教育科学的桂冠进军的罗盘指针"，维果茨基也"被赞科夫永远称为自己的老师"。[1]随后，赞科夫参与编订了缺陷儿童的教学大纲，对特殊学校的教学和缺陷儿童的矫正进行了专门的研究和探讨，这也成为他接下来近20年的主要工作。卫国战争时期，赞科夫和他的心理学家同事们一起任职于神经科医院，主要是帮助脑部受伤的战士恢复言语机能，成效显著。1944年，赞科夫成为俄罗斯联邦教育科学院（该机构于1966年更名为苏联教育科学院）缺陷学研究所所长，并于1954年成为该院的通讯院士。20世纪50年代起，赞科夫开始专门从事教学论研究，并与当时另一位著名的教育家凯洛夫合作，参与编写了凯洛夫的《教育学》。1952年，赞科夫建立了自己的教学论实验室，开展小学阶段的教学实验，并陆续出版多部教育论著。1957年，他将实验室更名为教育与发展问

---

[1] Б·沃尔科夫、陈华平、高文：《列·符·赞科夫（纪念赞科夫诞辰八十周年）》，《全球教育展望》1981年第3期。

题实验室（1968年又更名为学生的教学和发展问题实验室），对教学和发展问题开展专门研究，试图改变当时苏联已经不合时宜的教学体系。在接下来的20年里，赞科夫开展了大规模的教学改革实验，从一个实验班扩展到1200多个实验班，他的改革实验也开始对苏联的教育理论和教学实验产生深刻的影响："自从20世纪70年代以来，苏联部颁的《教育学》教科书以及各种教学论专著，几乎没有一本不提到赞科夫的实验研究对苏联教改的贡献。"①

赞科夫在推进他的教育实验的过程中，批判性地讨论了当时诸多的教育现象和问题，他认为传统体系之下的小学教育已经严重落后于时代需要和生活实际了，必须予以改革。他的观点在苏联教育界引起了不小的震动，从1964年赞科夫发表《小学教学新体系的实验》一文开始，苏联教育界对此展开了一场长达两年的广泛讨论。1978年，赞科夫的教育理论开始被陆续介绍到我国，其影响力经久不衰。1977年，赞科夫逝世，苏联教育部、苏联教育科学院、苏联教育工会中央理事会、《教师报》编辑部曾联合发出讣告："赞科夫组织的教学与发展问题的多方面研究，具有特别重大的意义。他所制定的实验教学体系，形成的教学原则，对于实现低年级学生一般发展的任务，对于弄清儿童心理的潜在能力是有很高价值的，它揭示了教学结构同学生的一般发展过程之间的规律性的联系，丰富了教育理论。在全国很多地区，很多所小学低年级的广阔范围内进行的这场实验所取得的成果，得到了教育学界的很高评价，为小学教学改革提供了科学的理论根据。"②

《教学与发展》一书出版于1975年，是赞科夫及其团队长期实验研究的结晶："这本专著是就学生的教学与发展的关系问题所进行的全部教育实验研究成果的总结。"③尽管其重点关注和阐述的是1968年至1972年之间的教学实验，但这本书与其他教育名著有所不

① 赞科夫编《教学与发展（第三版）》，杜殿坤等译，人民教育出版社，2008，译者序第11页。

② 吴振成、徐长瑞：《赞科夫的教学论思想与我国教学改革》，《外国问题研究》1982年第4期。

③ 赞科夫编《教学与发展（第三版）》，杜殿坤等译，人民教育出版社，2008，前言第1页。

同，它在本质上相当于一份教育实验报告，是基于实验和实践而进行的观点提炼和理论升华，它所呈现的不仅是关于教育教学的思想和观点，它还是一份长期教育实验研究的典范。此外，还需注意的是，该书是一个团队成果的汇编，全书共20章，其中由赞科夫主笔的有8章。同时，还应看到，《教学与发展》只是赞科夫20多年教育实验的诸多成果之一，我们还应结合他的其他论著从整体上理解他的教育思想，如《论小学教学》《教学论与生活》《和教师的谈话》等。

学生的一般发展

赞科夫开宗明义地指出："教学与发展的问题是教育学的核心问题之一。"[1]当然，教学与发展的问题是一个在教育理论和实践的历史上不断被讨论的话题，夸美纽斯、乌申斯基、维果茨基、皮亚杰等人都对此有过论述。赞科夫发现，在诸多的教学论著作中，"无论是教学原则、教学方法，还是编写学校教学大纲的教学论原理或教学论的其他问题，都没有从学生发展的角度来进行过探讨"，更重要的是，"教学与发展的关系并没有在教育学里作为一个学术问题作过实验性的研究"。[2]这也是赞科夫对教学与发展的问题开展实验研究的一个重要的出发点。这个出发点归根结底于两个方面，一是回归学生，二是回归实践。其实这两方面对于教育教学来说不过是常识而已。正如当下诸多的教学方法改革，虽然轰轰烈烈，但忘记了方法是为了更好地为教育教学服务，以至于遮蔽了教育的主体即学生，结果反而是，方法越多，离教育反而越远。那么，赞科夫心目中的学生发展是什么呢？

赞科夫发现当时的实际教学存在很多问题，如单调地重复、片

---

[1] 赞科夫编《教学与发展（第三版）》，杜殿坤等译，人民教育出版社，2008，前言第1页。

[2] 同上书，第15页。

面地强调口头和文字教学、重记忆轻思考、重书本轻现实等，这就造成了学生在面对学习时缺乏内在动力，"教学活动过程的单一化不能使学生的个性得到表现和发展"[①]，学生的发展实际上受到了严重的限制。因此，赞科夫提出，他所理解的学生发展不能简单地等同于单方面的智力发展，而是包括身体、智力、心理等多方面的一般发展。赞科夫眼中的学生发展，强调的是发展的整体性，特别是心理方面的发展不容忽视，也正因如此，赞科夫的教学实验并不是个别学科或个别方法，而是小学教学的整个教学论体系。他相信，研究学生、教育学生、发展学生，都不能片面地看待学生，也不能孤立地看待学生的各种表现。整体性的发展观，不是简单的加法，而是一种观念的更新。因此，"实验教学的指导思想即保证学生能得到全面、和谐的发展，这是苏联普通教育学校的主要任务之一"[②]。在此，赞科夫又提醒我们，教育不是某些个别能力的生长，它所追求的是整全人的发展，这又何尝不是一种教育常识的回归呢？在赞科夫所主张的三个方面的回归中，学生内在个性的生长是最重要的，这是学生精神力量之源，蕴藏着发展的可能性，也是实现一般发展的关键，因此，教学方法是否有效就在于能否深入学生的内心世界："教学法一旦触及学生的情绪和意志领域，触及学生的精神需要，这种教学法就能发挥高度有效的作用。"[③]教学与学生真正发展之间的关系远比与单一的智力发展之间的关系要复杂得多，这也为赞科夫的教学论原则指明了方向。

教学论原则

为了最大限度地使教学促进学生的一般发展，赞科夫提出了五项教学论原则，这与历史上的诸多教学原则不同的是，这些原则都

[①] 赞科夫编《教学与发展（第三版）》，杜殿坤等译，人民教育出版社，2008，第20页。

[②] 同上书，第40页。

[③] 同上书，第103页。

是在实验过程中形成和提炼的，对于这些原则的理解也不能停留在字面上。第一个原则，是赞科夫认为起决定性作用的，以高难度进行教学的原则。这里的"高难度"并不是指尽可能地提高学习的难度，而是指克服障碍，赞科夫认为："如果教材和教学方法使得学生面前没有出现应当克服的障碍，那么儿童的发展就会萎靡无力。"[1]因此，设置"高难度"的目的，是希望调动和打开学生的精神世界，以高难度进行教学的过程就是一个能引起学生在掌握教材时产生一些特殊的心理活动的过程。真正的学习，不是灌满容器，而是要产生内心的变化。每个学生的知识准备和心理状态不同，这种难度就应该具有相对性，这就需要教师尽可能地掌握不同学生的特点。高难度需要以高速度配合，这就是赞科夫的第二条原则——高速度教学的原则。教学不应当是简单和单调的重复，要不断向前、逐渐深入，如果是原地打转，那就违背了高难度教学的原则。当然，"以高速度前进，绝不意味着在课堂上匆匆忙忙，赶快把尽量多的知识教给学生"[2]，而是要帮助学生建立起所学知识的内在联系，这种内在联系才是帮助学生克服障碍以实现教师高难度教学的关键。由此，赞科夫强调了第三个原则，即理论知识起主导作用的原则。这并不是忽视或者低估教学方法和技巧的作用，赞科夫希望突出的是："技巧的形成是在一般发展的基础上，在尽可能深刻地理解有关的概念、关系和依存性的基础上实现的。"[3]方法的核心依然是教师对知识内在联系的梳理和组织。此外，时刻要记住的是，教学是师生共同合作完成的一项事务，因此，教师还要坚持使学生理解学习过程的原则。使学生理解学习过程，一般都认为这是在强调学习的自觉性或者学习者的态度，但是赞科夫希望强调的是，让学生理解整个学习活动进行的过程。学生不仅要理解知识之间的联系，还应该理解知

---

[1] 赞科夫编《教学与发展（第三版）》，杜殿坤等译，人民教育出版社，2008，第43页。

[2] 同上书，第45页。

[3] 同上书，第44页。

识之间是如何联系的，后者往往是在教学中被忽视的。最后，教学是面向所有学生的，所以还要坚持使所有学生都得到发展的原则。整体发展观对于学习困难的学生或许有着更重要的意义，因为学习能力差的原因不是缺乏训练，重复性的机械训练只会让他们越发落后，因为他们的内在心理活动并未获得充分调动，他们的心理状态和精神世界值得我们关注。

总体来说，这五条原则所反对的正是以分数为目标的教学，教师的教学和学生的学习不是为了外部的某种目的，而是要突出和调动内在动机，"实现我们的教学论原则能使学生产生对学习的内部诱因，增加和深化这种诱因。不断地以新的知识丰富学生的智慧，让他们思考，树立学生自己去探索真理的志向，让他们完成复杂的任务——这一切都会产生强烈的、稳定的内部诱因"[1]。

教学法特征

教学的方法是不断发展、变化和改进的，每一门学科都有自成体系的一些教学法，无法进行明确和固定，但是赞科夫认为，无论何种方法都应该具备一些特征。首先是多面性，"这是指教学方法所特有的多种功能，这些功能不仅是用来掌握知识和技巧，而且是促使学生发展"[2]。看待学生需要整体观，看待教学也是需要这种思维，教学方法更重要的是促进学生在学习中精神高涨。其次是过程的性质，教学的过程和认知的过程都"是一系列有顺序地进行的、互相衔接地发生的一些阶段"[3]，教师应该认识到当前的教学在整体知识和教学全过程中的位置以及与整体和全过程的关系，任何方法都不是一个孤立的切面。再次是冲突，这并不是说要人为地在教学中制造矛盾，而是应该认识到，在学生的认知过程中，新旧知识之

[1] 赞科夫编《教学与发展（第三版）》，杜殿坤等译，人民教育出版社，2008，第49页。

[2] 同上书，第366页。

[3] 同上书，第367页。

间的冲突是客观存在的,教学法应该正视并利用这些冲突来推进高难度和高速度的教学。最后是变式,没有放之四海而皆准的教学方法,它总是随着学生的特点、学习的性质、教学的环境等因素的改变而不断灵活变化,教师也会根据自己的经验形成不同的工作方式和工作风格。这些基本特征既是赞科夫对教学法做出的总体概括,也使他的教学法体系能够成为一个统一体。

赞科夫的教学论思想是在长期实践中形成的,他对教学的结构和学生的发展之间的关系提出了自己的见解,并反过来在实践中进一步检验。赞科夫还进一步调整了教学计划、教学大纲和教科书等,这种理论与实践的结合是赞科夫与其他众多教育理论家的不同之处。促进学生的一般发展,体现的是时代对人才培养提出的新要求,时代在不断进步,教育的改革永无止境,赞科夫给后世所留下的不仅是这些观点,更重要的是一种在实践中改革的精神,正如《教学与发展》一书的最后一句话:"无论对学生的一般发展也好,对真正掌握知识和技巧方面得到前所未有的进步也好,在学校的教学中都还有未经挖掘的、尚未发挥作用的巨大潜力。"[1]

> 佳句赏读

1."个性的发展,在孤独和隔绝中是不可能的,只有在儿童集体的内容丰富而形式多样的生活中才有可能;集体生活要具有应有的思想方向性,而同时也要反映出学生的动因、愿望和意向。"[2]

2."教学要在学生的一般发展上取得优良效果的思想,是实验教学法的基本原则。"[3]

---

[1] 赞科夫编《教学与发展(第三版)》,杜殿坤等译,人民教育出版社,2008,第371页。

[2] 同上书,第49页。

[3] 同上书,第78页。

3."我们的意图在于激发学生的多种多样的思想和感情,丰富学生的精神世界,并且在课堂上结合所读的东西展开生动的谈话。"[1]

4."多余的重复是传统教学法的主要特征之一,实质上限制了学生的思维活动。"[2]

5."目的不只是把知识和技能的质量提到更高的水平,而且要发现和培养学生中蕴藏着的精神力量,使他们精神饱满地生活,把自己所获得的一切献给人类。"[3]

[1] 赞科夫编《教学与发展(第三版)》,杜殿坤等译,人民教育出版社,2008,第98页。

[2] 同上书,第127页。

[3] 同上书,第348页。

后记

2022年3月9日，午饭后正在阳光下散步，我接到了江西教育出版社魏文远编辑的电话，问我是否有兴趣为一线教师写一本外国教育名著导读读本，我当即欣然答应，因为我自工作以来一直在给本科生和研究生上教育名著导读课，所以我觉得这项写作任务应该不难。随后，魏编辑就开始走出版社的内部程序了。当我和出版社就选编思路和写作内容等基本达成共识准备签订出版合同时，8月25日，教育部教育管理信息中心信息化研究处熊建辉博士来电询问我是否有兴趣参与国外教育研究智能信息平台人物栏目的数据库建设，其主要内容是搜集和整理外国著名教育人物的各种文献置于这个信息平台上，以供学习和研究之用。我当即就想到，正好可以将此数据库建设工作与江西教育出版社的书稿写作结合起来，熊建辉博士表示非常支持，江西教育出版社也高度赞同，可谓一拍即合。因此，本书也是教育部教育管理信息中心教育管理与决策研究服务专项2022年度委托课题"国外科学教育战略行动研究及其数据库建设"（编号：EMIC-YJC-2022008）的成果。

不论是国内还是国外，教育史本是作为教师培训的一门科目而具有重要的学科地位，如今，似乎人人都觉得历史很重要并能说上几句"总结历史的经验""吸取历史的教训"之类的话，但很难说教育史的教学、研究和学习得到了真正的重视。这确实有时代环境的影响，但作为教育史的学习者、研究者和教学者，我们必须重新思考和阐释教育史的现实意义。就历史上的这些教育名著而言，它们的现实意义是什么？甚至它们是否还具有现实意义？

自从2015年走上工作岗位、2016年正式登上讲台上课以来，我一直在给教育学专业的本科生讲授教育名著导读这门课。在上课的过程中，我就在考虑，如何让这门课变得对学生和我更有意义和价值，而不仅仅是为了获得学分或完成工作量。通过一门课，来讲授名著，在我看来这本身就是一件很耐人寻味的事情，但是，我也知道，就算戴着镣铐，我也要把这舞跳好。我见识过死气沉沉的教育史课程的课堂：两节课中，一百多个学生几乎无人抬头，最后几排的学生该干吗干吗，甚至戴着耳机一边看电脑视频一边旁若无人地发出"咯咯咯"的笑声。我们习惯于指责学生不懂珍惜时光好好学习，但何曾反思过自己的课堂为什么索然无味？作为师者，不去帮助引导学生寻找知识和阅读的意义，就是我们的失职。

后来我也开始给在职教育研究生上课，我先是上过中外教育史课程的外国部分，后来改为主讲学位论文写作与指导。后者虽然不与教育史直接相关，但是，我在教育史研究和教学中所积累的素材、文献、方法和反思，为这门课的顺利教学提供了重要的基础，这于我而言，也是教育史现实价值的一种体现。而在这个过程中，我也不得不思考，教育史，还有阅读教育经典名著这件事，对中小学、幼儿园教师的现实意义是什么？我们不能单方面地责怪一线教师没有理论追求，而是要转向自己，追问自己，我们能做些什么来让教师体会到读书的意义？孟子不是早就告诫过要"反求诸己"吗？作为教育学专业的教师，难道连这起码的常识都忘记了？

　　在写作本书时，我越写越投入其中，越写越得心应手，不管是新阅读的文本，还是那些反复读过的篇章，都不出所料地深深吸引着我。借这个机会，我要感谢我的学生们给予我的鼓励，没有什么比学生们的鼓舞更能激励我前行的了。还要感谢教育部教育管理信息中心信息化研究处熊建辉博士及其工作团队的支持，感谢江西教育出版社魏文远、苏晓丽和冯会珍三位编辑的耐心催促和等待。感谢浙江省宁波市宁海县前童镇中心小学的叶静雯老师和广东省东莞市东莞外国语学校的蓝敏思老师，她们是这本书最初的读者，也给我提出了很多真诚的修改建议。特别是叶老师，她每读完一篇就结合她自己的教育教学实际写一篇读后感发给我，与我分享了她工作中的故事和体会，这应该是写作本书的一份意外收获。我知道，我的这本小书离一线教师的实际需求肯定还有很长的距离，但我已经迈出了一步，我相信，这个距离应该会慢慢缩短。2023年10月底，我也有缘与江西教育出版社的桂梅总编辑一叙，于她而言，我就是一位初次相见的高校青年教师，普通得不能再普通，但她毫不吝啬的鼓励和鼓舞给我留下了深刻的印象，令人颇受感动，我们还交流了更长远的出版计划，虽然极有可能是天马行空，但有人愿一起聊一些畅想，这本就很难得，相谈甚欢就足以令人心生满足。一位有眼光的出版人，对于我所在的学术领域，说是伯乐亦不过分。说到底，这些都是读书给我带来的缘分。越是参与到现实中，我反而越感到读书的乐与幸，以前所想象的"两耳不闻窗外事"式的读书也并非绝对的理想境界，读书并非封闭的状态，它还可以带来各种经历和新的体会，进而变成我们自己的故事。我们不正是因故事而有趣的吗？最后还要特别感谢江西师范大学的张建中教授最初居中牵线搭桥成就了这段书缘(书稿初稿快完成时才得知是张老师向出版社推荐的我)，我与张老师至今还从未谋面，但他给予我的这种无条件信任，既值得我珍惜，又催促我坚定前行。而这不也是读书的意义之所在吗？读书，并不是让我们远离社会和现实，而是让我们以一种更加深入和清醒的方式了解、参与和体会身边的世界。

在研究生的外国教育名著选读课上，我和学生一起把《民主主义与教育》中英文对照着读。对上课的学生来说，可能是第一次这么读，但于我而言，我每年都要这么读一次，且每一次都获益匪浅，可以说是百读不厌、常读常新，书中的论述对今天的教育现实依然具有极强的穿透力。当然，我不敢说真正读懂了杜威，也不敢说读懂了任何一本名著，但是，只要形成了共鸣，阅读就真正跨出了关键的一步，读书的意义也会随后显现。

我自己的阅读不会停止，让我们一起携书共进，在超越时空的对话中感受生命的可能和教育的力量。

王慧敏

2023年5月22日初稿

2024年1月25日改定